新时代浙商管理经验丛书

U0615767

新时代浙商知识管理经验

孔小磊 赵昶 编著

经济管理出版社
ECONOMY & MANAGEMENT PUBLISHING HOUSE

图书在版编目（CIP）数据

新时代浙商知识管理经验／孔小磊，赵昶编著 . —北京：经济管理出版社，2022.4

ISBN 978-7-5096-8407-8

Ⅰ. ①新… Ⅱ. ①孔… ②赵… Ⅲ. ①知识管理—企业管理—经验—浙江 Ⅳ. ①F279.275.5

中国版本图书馆 CIP 数据核字（2022）第 068471 号

责任编辑：张莉琼　詹　静

责任印制：黄章平

责任校对：董杉珊

出版发行：经济管理出版社

（北京市海淀区北蜂窝 8 号中雅大厦 A 座 11 层　100038）

网　　址：www. E-mp. com. cn

电　　话：(010) 51915602

印　　刷：唐山玺诚印务有限公司

经　　销：新华书店

开　　本：720mm×1000mm/16

印　　张：9.25

字　　数：119 千字

版　　次：2022 年 10 月第 1 版　　2022 年 10 月第 1 次印刷

书　　号：ISBN 978-7-5096-8407-8

定　　价：68.00 元

总　序

浙商是中国当代四大商帮之首。千余年来浙商风云际会，人才辈出，在浙江乃至世界各地书写了波澜壮阔的商业历史。从唐朝资本主义萌芽，到明清时期民族工商业的脊梁，浙商用敢闯敢拼的进取精神和踏实肯干的务实作风，用商业实践写就了中国民族资本主义发展的篇章。历史上，大量浙商曾在民族经济和民族企业发展过程中留下了浓墨重彩的一笔，如明初天下首富沈万三，清末红顶商人胡雪岩、五金大亨叶澄衷等。自改革开放以来，大批浙商纷纷登上时代的舞台，秉持"历经千辛万苦、说尽千言万语、走遍千山万水、想尽千方百计"的"四千"精神，在改革开放中取得了举世瞩目的伟大成就，一大批知名企业家如鲁冠球、马云、李书福、宗庆后、任正非等走在了中国改革开放的最前沿，成为改革开放的商业领袖，引领浙商企业在商业实践中砥砺前行，取得了空前伟业。

随着中国民营经济的蓬勃发展，浙商企业已成为中国民营企业发展的一面响亮旗号，威名响彻大江南北。浙商企业早已不是当初民营经济的"试水者"，而是助推中国经济腾飞的"弄潮儿"。"冰冻三尺非一日之寒"，浙商企业的成功既有其历史偶然性，更有其历史必然性。浙商企业的蓬勃发展是中国改革开放的一个缩影，通过"千方百计提升品牌、千方百计保持市场、千方百计自主创新、千方百计改善管理"的"新四千"精神，浙商企业在激烈的市场竞争中占据重要地位，浙商企业的管理实践经验对中国本土企业的发展有着深刻的启迪和引领作用。这其中蕴含的丰富管理理论和实践经验需要深入挖掘。

当前中国特色社会主义进入了新时代，这是我国发展新的历史方位。新时代下互联网经济和数字经济引领发展，以阿里巴巴为代表的移动支付等数字交易平台发展全国领先，新经济催生了新的管理理念和管理模式，新时代催生浙商新使命、新征程、新作为和新高度。对新时代浙商企业管理经验的全方位解读，并产出科研和教学成果，是产学、产教融合的有效途径，也是对浙商群体乃至其他商业群体发展的指路明灯。

2019年恰逢中华人民共和国成立70周年，浙江财经大学成立45周年，浙江财经大学工商管理学院成立20周年。浙江财经大学工商管理学院在全院师生的不懈努力下，在人才培养、科学研究和社会服务方面做出了理想的成绩。新时代工商管理学院也对商科教育不断开拓创新，坚持"理论源于实践，理论结合实践，理论指导实践"思想重新认知和梳理新商科理念。值此举国欢庆之际，浙江财经大学工商管理学院聚全院之智，对新时代浙商管理经验进行总结编纂，围绕新时代浙商管理经验展开剖析，对新时代浙商企业的实践管理经验进行精耕细作的探讨。深入挖掘浙商企业成功的内在原因，进一步探讨新时代浙商企业面临的机遇和挑战。我们期望，这一工作将对传承浙商改革创新和拼搏进取的精神，引领企业发展和助推中国和浙江的经济高质量发展起到重要作用。

本系列丛书研究主题涵盖新时代浙商企业管理的各个方面，具体包括："新时代浙商企业技术创新和管理创新经验""新时代浙商文化科技融合经验""新时代浙商互联网+营销管理经验""新时代浙商跨国并购管理经验""新时代浙商绿色管理经验""新时代浙商企业社会责任管理经验""新时代浙商国际化经营管理经验""新时代浙商互联网+制造管理经验""新时代浙商知识管理经验""新时代浙商商业模式创新经验""新时代浙商战略管理经验""新时代浙商营销管理经验"等。本丛书通过一个个典型浙商管理案例和经验的深度剖析，力求从多个维度或不同视角全方位地阐述浙商企业在改革开放中所取得的伟大成就，探讨全面深化改革和浙商管理创新等的内涵及其关系，进一步传承浙商的人文和商业精神，同时形成浙商管理经验的系统理论体系。

　　本系列丛书是浙江财经大学工商管理学院学者多年来对浙商企业管理实践的学术研究成果的结晶。希望本系列丛书的出版为中国特色管理理论发展增添更多现实基础，给广大浙商以激荡于心的豪情、磅礴于怀的信心、砥砺前行的勇气在新时代去创造更多的商业奇迹，续写浙商传奇的辉煌。相信本系列丛书的出版也在一定程度上会对新时代其他企业发展提供必要的智力支持，从多个角度助推中国民营经济的发展。

浙江财经大学党委委员　组织部、统战部部长

董进才教授

PREFACE
前　言

　　新时代产生了很多新的技术、原创的 Idea、商业模式，如数字化的浸入、社交网络兴起、人口动力学、移动终端运用（卡拉·欧戴尔、辛迪·休伯特，2016）、5G、AI、大数据、云计算、机器人等，给企业带来了前所未有的机遇与挑战。这些新时代的技术及其商业化的营运，需要企业不断地进行研发，如制造环节的升级、商业模式的创新。无论是研发还是生产、销售，终归体现在知识的产生、获取、整合、运用和商业化上。因此，在新时代数字背景下，不同类型的企业均要处理好知识管理，从而获取持续的竞争优势。

　　在改革开放的四十多年中，浙江涌现出很多知名的企业，如阿里巴巴、吉利汽车、海康威视等，还有很多不同行业的隐形冠军企业，如律师事务所、会计师事务所以及建筑设计事务所等。还有一些新创企业，通过不断地拼搏，努力存活下来。因此，浙商企业为新时代情境下企业知识管理提供了丰富的案例样本。

　　不同类型、不同发展阶段的企业有着不同的知识管理特点。例如：①初期加工制造业，基于客户提供的产品需求信息制作图纸，企业再根据图纸进行来料加工，而这些图纸就承载了企业重要的知识资产，管理好技术图纸尤为重要。②先进制造业，基于复杂的制造设备，配备专业的人员进行操作，企业的人力资本成为企业的关键资产。随着企业研发投入的不断提高，研发的成果，如专利、版权、商业秘密等，以及这些成果的商业化运用，成为企业知识管理的核心。③服务业、金融服务业，特别是银行服务业，多依赖前台将获取的市场反馈输送到后台，由后台进行服务研发设计，再由前台传递给消费者。④知识密集型服务业和专业服务业，需要将企业现有的模块知识，通过专业人员和模块化的方法，满足客户定制化的需求。随着在线视频和阅读的流行，基于内容定制生产（IP）或UP主原创内容，付费会员制成为商业化途径。

在国际化情境中，不同国家在不同行业积累的竞争优势不同。跨国企业通过兼并收购国外的企业获取国外市场的信息、专利、销售渠道，整合产业链加速转型升级，国外的子公司（研究机构）将研发、获取的市场信息（知识）传回母公司，之后其母公司可以与各国的研发机构、公司合作（购买）获得专利授权或许可，从而整合利用全球的知识资源，不断地进行创新和获得商业化最新成果。

按照知识管理理论与实践发展的脉络，本书首先将浙商企业按照传统制造业的知识管理、转型升级以及服务化分类的基础上，分析不同规模制造企业的知识积累、存储、分享和商业化。其次，分析金融服务业的前后台知识转移与产品开发，知识密集型服务业的模块知识组合与服务传递。最后，试图探索数字平台企业的信息获取、基于算法开发的新产品和服务方案的提供，以及运营数字内容的企业案例。

案例一，基于一家民营楼宇空调企业。该企业创始人在高校学习期间获取关于节能空调的前沿信息，毕业后在原公司的支持下，创立新的公司。该企业创始人不断地推广绿色节能空调，获取市场反馈信息后，不断地进行改进。随着公司规模的不断扩大，他组建了研发团队，且开发新产品并延伸到高端楼宇系统设计、安装与运维，不断地获取大城市的地标建筑项目，并且在不断地获取国外市场信息的基础上，积极进入国际市场。本案例的企业家和高管团队，通过不断地获取绿色空调技术信息，并结合中国市场气候差异性和地理纬度差异性，开发了具有自主知识产权的楼宇控制系统，并与国外产品相竞争，实现了企业的成长。本案例介绍了企业自主进行知识获取、存储、运用和商业化开发的发展过程。

案例二，基于一家浙江叉车公司。该公司自主积累产品知识，并进行运用开发，从而成功上市。近年来，该公司通过并购产业链上的研发企业，完成了叉车企业向智能仓储物流设备和方案提供商的转型升级。本案例介绍了企业在自主进行知识研发和商业化的基础上，采用并购获取互补的知识资产，从而实现产业转型升级的成长过程。

案例三，基于一家大型的汽车厂商。汽车企业通过自主研发和兼并收购沃尔沃、变速箱厂商等，拥有了大量的具有自主知识产权的专利、标准、开发平台等重要知识资产。而且，该企业建立了自己的培训机构，培训企业所需的人才，并与多个高校和研发机构进行合作，同时建立多个研究院来进行知识获取、人才培养、知识存储和商业化运用。

案例四，基于一家传统的食品制造企业。该企业在粽子生产领域独树一帜。近年来，该企业设立了食品研究所，进行产品和食材的研究，并提出了改进方案。此案例着重说明了其与迪士尼的跨界合作。在合作过程中，迪士尼对产品和供应商、社会责任等方面提出了高质量的合作标准，这些构成了合作的基础。企业按照这些标准进行改进，使品牌"年轻化"，提高消费者体验。此案例试图探索参考合作企业的标准，进行产品的改进升级。

案例五，基于一家男装制衣公司。该公司成立之初重视设计和线上业务。在服务设计方面，该公司主要通过企业自有设计的学习和培养，并参考国际流行时尚元素，结合中国男装的市场特点，设计出具有品牌个性的特征服装。公司整合线上、线下融合优势，利用线下获取客户反馈，在提高客户体验的同时，获取市场信息改善服装设计；再利用线上的反馈，走向智慧实体店。此案例着重介绍线上、线下的知识融合，改进设计和提高顾客体验。

案例六，基于一家银行机构。该银行机构根据一线客户的实际运营情况，通过"前台收集信息—中台转换—后台开发"的路径，在服务产品开发过程中，接受客户的反馈，进行调整。然后再逆向向客户传递最终的服务。此案例主要介绍了在部分服务业中前—中—后台的信息传递与服务产品的开发。

案例七，基于一家会计师事务所。在知识密集型的专业服务业领域中，企业提供知识服务往往具有模块化的特征，并且企业将相关的模块化知识进行储存，再根据客户的需求（定制）进行模块化组合，传递给客户。此案例探索了知识密集型企业模块化知识的组合与运用。

案例八，基于一家数据公司。企业通过获取数据进行分析，根据（金融类）客户的需求（定制化），研发相关的方案类产品并传递给客户。此案例介绍了数据平台企业为数据开发提供解决方案的知识管理。

案例九，基于一家在线阅读视听内容提供网站。其通过用户内容生产专业化模式（PUGC 模式）提供专业的内容，保障用户需求的满足，并逐渐改变为付费型知识模式。网站通过与原创（IP）提供者签订协议，进行生活场景渗透，再整合到硬件客户端中，培育原创内容提供者，从而提升了视听内容的质量，提高了客户对于知识产品的黏性。此案例介绍了基于知识的运营开发。

本书试图拓展一般知识管理的知识获取、存储、运用的线性路径，结合不同企业的特征与实际，呈现出不同知识管理的特色。本书会为一些处于不同发展阶段和不同类型企业提供一些参考。因作者水平以及时间、精力有限，再加上新冠肺炎疫情的暴发，使去企业访谈的计划受阻，只能改为收集二手资料，这可能在案例分析方面不够深入。而且，随着时间的推移，部分案例企业最新的年报数据已经公布，笔者在交稿前仍在更新数据。尽管笔者去过个别案例公司在浙江的分公司，但是这些案例公司的总部在外省，不得不以"他山之石"来弥补。

DIRECTORY
目　录

第一篇
知识管理理论与实践

一、知识是企业核心资产

在知识经济背景下，知识资产是企业持续发展和保持竞争优势的关键。受经济学、管理学、社会学的关注，随着知识资产形式日益多样，其内涵也在不断丰富发展。早期学者多关注企业内部人力资源，如 Stewart（2007）认为知识资产是指企业员工所拥有的能够为企业带来市场竞争优势的一切知识的总和，拓展到包含企业结构资本，如 Edvinsson（1997）和 Schiuma 等（2001）认为知识资产还应包括技术、数据、操作流程、组织文化、知识产权等企业结构资本，企业外部顾客资产、声誉等关系资产，市场营销渠道、顾客忠诚度、企业信誉、供应商、研发伙伴以及政府的资源能力等（Bontis，2001）。因此，知识资产是能够提高企业生产效率并为企业带来价值的所有知识（Wilkins，1997）。

企业的知识资产具有知识的无形性、易复制性、价值增值性、公共性等特征，以及资产的增值性特征，具体而言：①知识资产是无形的。尽管知识的载体是有形的，如图纸、光盘、样品等，但知识资产是无形的。②知识资产具有易复制性。知识载体的低复制成本导致了知识资产较容易被低成本复制。③知识资产具有价值增值性。知识资产是"拥有潜在价值的知识"（Edvinsson and Sullivan，1996），会带来更多价值回报：知识资产是通过智力元素形成、获得和放大来产生更高价值的资产，提高企业生产过程效率或增加附加值；增加公司收益、提高企业声誉、增加品牌价值；加速企业的知识积累，保持企业的持续发展（Edvinsson and Sullivan，1996）。知识资产可以提高企业在行业中的地位，增加企业的谈判优势。企业需要使用多种措施来明晰产权，保护自身的知识资产，并获取知识资产的商业化价值。④公共属性（Teece，2000）。知识资产使用具有非竞争性和低排他性特征，当某一家企业使用某种知识生产商品和服务时，并不妨碍其他的经济参与者也使用同一种知识，而且新产品在市场公开出售后，其他竞争性厂商就可能从上市产品中获得外观和技术方面的知识，因此排除这些厂商获得这些知识则需要花费巨大成本。

知识不仅是存量资产物品，更是嵌入在日常经营的生产活动中，在动态的随机过程中可以利用潜在互补的知识。组织绩效依赖于知识的转移和流动，知识独特性在持续竞争力中发挥着关键作用（Conner and Prahalad，1996）。在特定组织和任务环境中的资源交换属性影响了公司的组织结构和绩效。通过动态合作，重建关键单元的链接、机构之间的有效组合，加强学习机构的互补性，减少"多/重复发明"的浪费（Richardson，1998）。

知识成为企业获得竞争优势的关键要素，企业之间的异质性来源于核心竞争力。企业知识资产管理越重要，企业关于知识管理的实践越丰富多样：①其不仅包括已经形成的专利、商业秘密、技术诀窍，还包括这些知识的载体服务器（授予）的专利以及相应技术人员、知识管理体系。②知识资产的商业化，可以根据市场需求，将不同的知识资产进行配置，也可以根据市场需求，开发新的产品。③关于知识型员工的管理，企业需要不断地招聘来自全球的高级知识员工，根据知识型员工的特性进行相应的员工管理，包括设计使用人性化的办公室、柔性办公时间、薪酬福利以及员工持股等（Prahalad and Hamel，1994）。

　　知识基础理论对企业的性质与存在理由、企业异质性和企业内部协调提供了知识特性视角的独特解释。知识基础理论认为组织是知识创造和转移的高级安排（Borwn and Dugid，1998），是知识的高级整合者（Grant，1996），是可行资源配置方式的提供者（Moran and Ghoshal，1999）。同时，组织还是各种新知识有效交换的场所（Shculz，2000），是有效的知识运送者和分配者（Teece，2000）。企业作为一个社会共同体，在知识创造和转移的速度和效率上具有优势。

二、丰富的知识管理实践

　　知识管理成为企业最广泛的组织实践（Foss，2005）。企业通过实施知识管理的项目来提升知识共享水平并使之制度化（卡拉·欧戴尔和辛迪·休伯特，2016）。典型的知识管理过程是知识的创造、存储/读取、转移和运用。知识管理过程可以再细分，如创造内部知识，获取外部知识，知识存储于文件或惯例中（Teece，2000），以及知识的内部和外部共享、更新等。知识的清点、评估、监督、规划、取得、学习、流通、整合、创新活动，并将知识视为资产进行管理，能有效增进知识资产价值的活动，均属于知识管理的范畴及知识管理过程的相关主题，其中知识获取、知识创造、知识储存、知识扩散与转移等被认为是企业竞争优势的基础（Inkpen et al.，2019），知识管理是创造和维持企业竞争优势的关键基础。知识管理系统（KMS）指运用于管理组织知识的信息系统，即以信息系统强化组织知识创造、存储/读取、转移和运用（Alavi and Leidner，2001）。

　　知识管理是大量活动的过程，并非简单的信息收集、储备和运用，而是企业的知识管理实践，从事知识管理活动并无一套标准的规范。2014 年，Knoco 咨询公司调查了知识管理的要素及其最高优先等级的比例，而 2014 年的调查发现"大数据"要素仅为 1%。随着大数据技术和 AI 的发展，相信大数据要素的比例会极大地提高。表 1-1 展示了知识管理的常见要素，其并非仅包括知识的获取、存储、运用（见表 1-1）。尼克·米尔顿和帕特里克·拉姆（2018）在《知识管理：为业务绩效赋能》中，提及实施知识管理的六种方法：自下而上、自上而下、机会牵引、使用预先设计的知识管理（KM）架构、使用单个知识管理流程或工具、试点。他们认为核心策略是"试点"方法开发知识管理的架构，结合"机会牵引"验证和完善知识管理架构，然后逐层"铺开"（见表 1-2）。

表 1-1　Knoco 咨询公司知识管理要素调查

知识管理要素	优先比例（%）
通过社区和网络把人们连接起来	22.2
吸取经验教训	17.0
改善对文档的访问	15.3
知识的保存	13.5
形成和提供最佳实践	9.4
创新	8.7
改进文件存储	4.8
培训	3.1
获取外部信息和知识	2.4
知识型工程	2.4
大数据	1.0

资料来源：Knoco 咨询，转引自尼克·米尔顿，帕特里克·拉姆. 知识管理：为业务绩效赋能［M］. 北京：人民邮电出版社，2018：5-6.

表 1-2　知识管理的实施方法

KM 实施方案	描述/解释
自下而上	在组织的基层发起，尚没有（逐渐）得到管理层的支持
自上而下	由组织的高层发起，要求执行知识管理

KM 实施方案	描述/解释
机会牵引	在找寻业务机会和解决问题的过程中，引入知识管理
使用预先设计的 KM 架构	设计企业的知识管理的架构，得到企业高层支持后，在企业内全面使用
使用单个知识的 KM 流程或工具	逐个使用知识架构的要素，逐渐向企业推广
试点	在某一或多个业务领域，使用最小版本的知识管理架构，然后不断检查、改善、扩大、重复

资料来源：尼克·米尔顿，帕特里克·拉姆. 知识管理：为业务绩效赋能［M］. 北京：人民邮电出版社，2018：17-18. 部分已做修改。

此外，知识工具的运用，如思维导图、知识图谱、知识地图等，可以指导企业日常管理实践，使企业内部流程进一步规范化和可视化，有助于提高操作人员的效率。例如，互联网广为流传的"双11"活动的筹备知识地图，明确表明了筹备期、蓄水期、预售期、"双11"引爆、总结复盘等六个阶段以及在各个阶段中商品、视觉、内容、推广、服务所要进行的各项事务，有利于指导企业之间的活动。

三、知识管理理论与发展

知识管理（Knowledge Management，KM）具有跨学科、跨领域的特征，其涉及经济学、信息系统、人力资源、战略管理，但它们对知识管理问题研究的侧重点有所不同，相应地也带来了研究视角的多元化。知识管理是在频繁变化的环境中，公司通过知识要素的创造，对重要知识的收集、创造、组织、传播、使用和开发，促进组织学习，从而增加组织的知识资本，保持持续创新能力，提高绩效的过程。组织中的知识管理指识别和利用集体知识发展组织的能力（Nonaka et al.，2006）。知识管理支持创新（Hackbarth，1998），其目的在于：①通过结构图、黄页、超文本等工具，使知识显性化和展示组织中知识的作用；②通过鼓励和集聚知识共享行为等，发展知识密集型文化；③建立知识基础，不仅是技术系统，而且是个体之间的空间、时间、工具、激励活动和合作的网络根据（Davenport and Prusak，1998）。企业对外部互动的开放性以及从外部知识来源中选择、整合的能力是利用创新机会和实现市场成功的关键特征（Corsino et al.，2019）。

组织内部和外部的知识转移对组织绩效和创新能力具有重要意义。无论知识是显性还是隐性，都可以让员工了解它们的顾客，了解彼此，了解公司的产品、流程、失败和成功（卡拉·欧戴尔和辛迪·休伯特，2016）。Buckley 和 Casson（1976）认为知识是公司内部的公共产品，其传输成本通常很低。知识管理可以：①帮助他们更好地胜任工作；②连接员工与知识资产；③连接那些有经验的或者具有技能的专业人员与需要这些知识的人（卡拉·欧戴尔和辛迪·休伯特，2016）。Lubatkin 等（2001）研究发现，企业获得并吸收外部新知识后，绩效会得到改善。同样，善于洞悉客户、竞争对手和监管机构需求的企业，更有可能改进自身的产品和服务以满足市场需求的变化。知识转移有助于培养难以被模仿的组织能力，从而改善绩效（Szulanski，1996）。创新和战略文献均表明，企业可以从外部各方的知识流中受益（Corsino et al.，2019）。

知识创造和知识转移之间存在密切联系，战略管理领域对知识转移的大多数研究都会涉及知识创造（Nonaka，1994），而知识的创造主要通过组织社会化的例行和团队合作。Nonaka 和 Takeuchi（1995）提出了 SECI 模型，探讨知识创造的过程机理。组织可以通过隐性知识（又译"暗默知识"）和显性知识（又译"形式知识"）之间转换来创造和利用知识。知识转化包括：①共同化（Socialization，又译"社会化"）是指从隐性知识到隐性知识。②表出化（Externalization，又译"外部化"）是指从隐性知识到显性知识。③联结化（Combination，又译"整合化"）是指从显性知识到显性知识。④内在化（Internalization）是指从显性知识到隐性知识。知识创造始于共同化，开启螺旋模式进行放大；再经表出化实现从个体到团队，联结化实现从团队到组织；最后由内在化实现从组织到个体（见图1-1）。

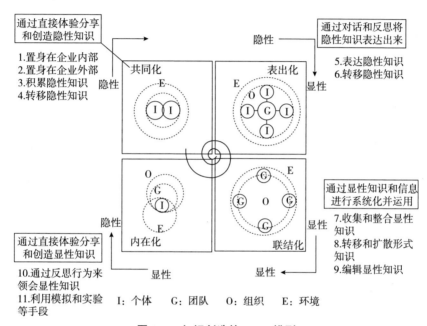

图1-1　知识创造的SECI模型

资料来源：竹内弘高，野中郁次郎. 知识创造的螺旋知识管理理论与案例研究［M］. 北京：中国水利水电出版社，2019：91. 有修改。

知识管理能为企业带来实质效益，但当前在数字化情景下，企业的知识管理出现了更多的实践，不同行业（制造业、金融服务业、数字产业等）产生了具有特色的知识管理实践。这些知识管理实践，既面临共同的企业内部知识管理问题，又具有鲜明的行业特色。具体而言：①企业内部知识分类与编码。团队之间、员工间分享知识，个人知识向集体知识的转化等。②在数字技术情景下，当前有大量的知识产生（原创内容）。企业如何从外部合法地获取知识、实现内部的整合，来运营知识产品的商业化。③不同行业知识管理表现出不同的行业特征与模式，如金融业前、后台的新服务开发策略，知识密集型服务业的模块化知识管理策略。实施知识管理最重要的是寻求最佳实践经验，最佳实践可以从企业内部与企业外部获得，包括内部员工、上游供应商、下游经销商、顾客、同业竞争者、学术研究机构，或通过市场交易、研究合作、契约协议等方式，转移知识或最佳实践以提升企业价值。

参考文献

［1］ Alavi M. , Leidner D. Knowledge Management and Knowledge Management Systems：Conceptual Foundations and Research Issues ［J］. MIS quarterly, 2001, 25 (1)：107-136.

［2］ Almeida P. , B. Kogut. Localization of Knowledge and the Mobility of Engineers in Regional Networks ［J］. Management science, 1999, 45 (7)：905-917.

［3］ Bontis N. Assessing Knowledge Assets：A Review of the Models used to Measure Intellectual Capital ［J］. KM World, 2001, 3 (1)：41-60.

［4］ Brown, J. S. , & Duguid, P. Organizing Knowledge ［J］. California Management Review, 1998, 40 (3)：90-111.

［5］ Buckley, P. J. , & Casson, M. A Long-run Theory of the Multinational Enterprise ［M］ //In P. J. Buckley, & M. Casson. The Future of the Multinational Enterprise. Palgrave Macmillan UK, 1976：32-65.

［6］ Corsino M. , M. Mariani, S. Torrisi. Firm Strategic Behavior and the Measurement of Knowledge Flows with Patent Citations ［J］. Strategic Management Journal, 2019, 40 (7)：1040-1069.

［7］ Davenport, T. H. , & Prusak, L. Working Knowledge：How Organizations Manage What they Know ［M］. Cambridge：Harvard Business Press, 1998.

[8] Edvinsson, L. Developing Intellectual Capital at Skandia [J]. Long Range Planning, 1997, 30 (3): 366-373.

[9] Edvinsson L, P. Sullivan. Developing a Model for Managing Intellectual Capital [J]. European Management Journal, 1996, 14 (4): 356-364.

[10] Foss K. , N. J. Foss. Resources and Transaction Costs: How Property Rights Economics Furthers the Resource-based View [J]. Strategic Management Journal, 2005, 26 (6): 541-553.

[11] Grant R. M. Toward a Knowledge-based Theory of the Firm [J]. Strategic Management Journal, 1996, 17 (52): 109-122.

[12] Hackbarth, G. The Impact of Organizational Memory on IT Systems [C]. Americas Conference on Information Systems, 1998: 197.

[13] Inkpen A. , D. Minbaeva, E. W. Tsang. Unintentional, Unavoidable, and Beneficial Knowledge Leakage from the Multinational Enterprise [J]. Journal of International Business Studies, 2019, 50 (2): 250-260.

[14] Lubatkin M. , J. Florin, P. Lane. Learning Together and Apart: A Model of Reciprocal Interfirm Learning [J]. Human Relations, 2001, 54 (10): 1353-1382.

[15] Macaulay S. Non-Contractual Relations in Business: A Preliminary Study [J]. American Sociological Review, 1963, 28 (1): 55-67.

[16] Marr B. , G. Schiuma. Measuring and Managing Intellectual Capital and Knowledge Assets in New Economy Organizations [M]. Gee, London: Handbook of Performance Measurement, 2001: 369-411.

[17] Moran P. , S. Ghoshal. Markets, Firms, and the Process of Economic Development [J]. Academy of Management Review, 1999, 24 (3): 390-412.

［18］Nonaka, I. A Dynamic Theory of Organizational Knowledge Creation ［J］. Organization Science, 1994, 5 (1): 14-37.

［19］Nonaka I. , G. Von Krogh, S. Voelpel. Organizational Knowledge Creation Theory: Evolutionary Paths and Future Advances ［J］. Organization Studies, 2006, 27 (8): 1179-1208.

［20］Nonaka, I. , & Takeuchi, H. The Knowledge-creating Company: How Japanese Companies Create the Dynamics of Innovation ［M］. New York: Oxford University Press, 1995.

［21］Prahalad C. , K. Conner. A Resource - based Theory of the Firm: Knowledge Versus Opportunism ［J］. Organization Science, 1996, 7 (5): 477-501.

［22］Prahalad, C. K. , & Hamel, G. The Core Competence of the Corporation ［J］. Harvard Business Review, 1994: 1-20.

［23］Richardson, G. B. The Economics of Imperfect Knowledge: Collected Papers of GB Richardson ［M］. Northampton, MA: Edward Elgar Publishing, 1998.

［24］Schultz P. W. New Environmental Theories: Empathizing with Nature: The Effects of Perspective Taking on Concern for Environmental Issues ［J］. Journal of Social Issues, 2000, 56 (3): 391-406.

［25］Stewart, T. A. The Wealth of Knowledge: Intellectual Capital and the Twenty-first Century Organization ［M］. New York: Currency Doubleday, 2002.

［26］Szulanski, G. Exploring Internal Stickiness: Impediments to the Transfer of Best Practice within the Firm ［J］. Strategic Management Journal, 1996, 17 (S2): 27-43.

［27］Teece. Strategies for Managing Knowledge Assets: The Role of Firm Structure and Industrial Context ［J］. Long Range Planning, 2000, 33 (1): 35-54.

［28］Wilkins J., B. Van Wegen, R. De Hoog. Understanding and Valuing Knowledge Assets: Overview and Method ［J］. Expert Systems with Applications, 1997, 13（1）: 55-72.

［29］阿肖克·贾夏帕拉. 知识管理: 一种集成方法（第2版）［M］. 北京: 中国人民大学出版社, 2013.

［30］卡拉·欧戴尔, 辛迪·休伯特. 知识管理如何改变商业模式［M］. 北京: 机械工业出版社, 2016.

［31］尼克·米尔顿, 帕特里克·拉姆. 知识管理: 为业务绩效赋能［M］. 北京: 人民邮电出版社, 2018.

［32］竹内弘高, 野中郁次郎. 知识创造的螺旋知识管理理论与案例研究［M］. 北京: 中国水利水电出版社, 2012.

第二篇
知识积累与运用：以源牌公司为例*

杭州源牌科技股份有限公司（以下简称源牌）是一家专注于高层（大型）建筑楼宇中央空调与一体化解决方案的企业。企业创始人在读研期间学习积累专业知识、开发原型产品，通过市场检验改善产品，招募研发人员组建研发团队。其通过充分调研，分析中国市场的特点与竞争产品的优劣，以问题为导向开发出核心原材料、关键部件、整体产品，通过不同规模的项目不断积累经验知识，并成功中标大型地标项目，从而逐渐实现服务化的转型，并开发部署 e 源平台，统筹研发与售后。

一、企业简介

杭州源牌科技股份有限公司（公司网址：http://www.runpaq-tech.com/），总部位于杭州，在北京、上海、广东等地拥有多家分公司，并在全国各中心城市设有办事处，是蓄能及变风量空调领跑企业，是高端中央空调与智能仪表制造者。公司生产了纳米导热复合蓄冰盘管、水蓄能罐、变风量末端装置、智慧能源监控等核心产品，其利用物联网技术创建中央空调专业服务平台，为客户提供健康、舒适、节能的人居环境。公司在蓄能空调市场具有领导地位，市场

---

* 此案例是在两位作者对源牌科技股份有限公司走访和访谈后，由赵昶完成初稿，孔小磊进行局部修改。

占有率超过 45%。变风量与低温送风空调、纳米导热复合蓄冰盘管、电磁能量表等产品，市场占有率长期居业内第一。源牌科技整体业务量保持 20%的增长率，在 2018 年产值达到 2 亿元，其中蓄能装置产值占 40%。2019 年销售额虽然约为 2 亿元，但是"工程集成""产品销售"和"售后服务"由原来之前的 5∶3∶2 转变为 4∶4∶2，工程集成的收入在下降。

源牌秉承"低碳能源，建筑未来"的企业使命，创新源牌建筑智慧低碳能源技术路线：通过合理利用天然资源，不断提高能源利用效率，努力减少建筑用能需求；充分利用可再生能源，匹配合理储能技术，努力减少建筑对矿物能源的依赖；积极构筑智慧低碳能源网络，实现建筑电、热、冷等能源供应与需求的科学匹配，努力实现建筑低能耗至零能耗运营。源牌拥有包括变风量与低温送风中央空调、柔性中央空调、冰（水）蓄冷中央空调、太阳能与生物质能源利用、分布式能源与区域供冷供热、能源计量与能效管理、楼宇智能控制、流量计与智慧水务等专业核心技术，同时为顾客提供机电维保、系统运行、合同能源管理等专业节能服务。

源牌的组织结构如图 2-1 所示，源牌公司发展大事记如表 2-1 所示。

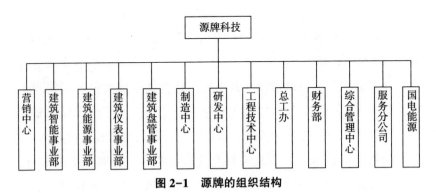

图 2-1　源牌的组织结构

源牌拥有核心产品生产基地——"源牌绿色工坊"，生产一系列拥有自主知识产权的核心产品，是国内专业的蓄能和空调自控产品生产制造基地，主要产品包括：纳米导热复合蓄冰盘管、变风量末端装置、低温风口、辐射冷板、电磁（超声波）流量计、电磁（超声波）热量表、冷热量计费仪、温控器等楼宇自动控制产品等。

公司位于杭州青山湖科技城的"源牌低碳建筑科技馆"，是公司的技术研发中心、营销体验中心和科普示范基地，与杭州国电能源研究院共建"浙江省低碳建筑能源环境工程技术研究中心""分布式能源与区域能源技术研究中心"和省级博士后工作站，具有人才、科研、装备、市场等综合资源优势。公司具有机电设备安装工程、建筑智能化设计施工一体化资质和计量产品生产许可证，具备建筑机电安装、楼宇智能化、分布式能源冷热电三联供和新能源应用等工程总承包建设能力，在国内处于行业领先水平。

源牌产品和服务在国内外建成 500 多幢低碳节能大楼，累计服务建筑面积超过 1500 万平方米，包括：北京中国尊大厦、上海世博中心大厦、广州珠江城大厦、深圳北站、天津文化中心、天津于家堡金融中心、杭州市民中心、杭州火车东站、马来西亚 GDC 区域能源站、迪拜范思哲皇宫大酒店等国内外众多标志性建筑工程项目。

表 2-1　源牌公司发展大事记

时间	公司大事记
2009 年 9 月	源牌科技正式成立
2010 年 4 月	源牌中标温湿度独立调节工程广州珠江城，承建变风量、温湿度独立调节、能源环境协同控制
2011 年 4 月	源牌"浙江绿色低碳建筑科技馆暨源牌零能耗实验示范楼"动工建设
2012 年 4 月	源牌绿色工坊建成并投入生产，成为全国集中供热分户计量学会副理事长单位
2013 年 5 月	源牌自主研发"基于温度面积法的集中供热分户热计量系统"被评为国内领先水平
2013 年 11 月	源牌中标上海迪士尼分布式能源站水蓄冷工程

续表

时间	公司大事记
2013 年 12 月	广州珠江城大厦荣获美国绿色建筑委员会 LEED 白金级绿色建筑认证，源牌承建低碳能源与绿色环境协同控制系统
2014 年 3 月	源牌自主开发"变风量空调系统关键技术研究"，荣获 2013 年度"中国城市规划设计研究院 CAUPD 杯"和华夏建设科学技术二等奖
2014 年 4 月	源牌"浙江绿色低碳建筑科技馆 A 楼（源牌零能耗实验示范楼）"获得国家绿色建筑三星级设计标识
2014 年 12 月	源牌变风量空调及其自动控制中标上海浦西新地标建筑"上海白玉兰广场"
2015 年 8 月	源牌中标全球知名酒店——迪拜范思哲皇宫大酒店
2015 年 9 月	源牌中标苏州中心广场项目能源中心机电安装工程
2015 年 10 月	源牌成功签约北京新地标——中国尊大厦项目的中央空调及楼宇自控系统总承包
2016 年 7 月	源牌科技股改成功，更名为源牌科技股份有限公司；源牌正式迁入青山湖科技城新址

资料来源：根据公司发展大事记整理 http：//www.runpaq-tech.com/index.php/history。

二、知识获取与积累

1991 年，叶水泉考取了浙江大学制冷及低温工程硕士，研究的是蓄冷空调。当他在浙大图书馆里查阅研究文献时，发现了冰蓄冷原理，并产生了浓厚兴趣。研发并应用冰蓄冷空调，可以为国家电网"移峰填谷"做贡献，还可以减缓电力投资，提高发电的效率，做到节能减排。1994 年，他获得了浙江大学制冷及低温工程硕士学位。之后，叶水泉就开始了冰蓄冷空调的创业。

在国际环保低碳和国内节能减排的宏观政策导向背景下，建筑物空调是用电负荷最大的用户，是加剧电网峰谷负荷的罪魁祸首。在夏季，大城市空调用电约占城市最大用电负荷的 40%，是造成城市夏季高峰用电紧张的主要原因。20 世纪 90 年代，"峰谷分时电价"政策刚刚试行，通过市场调研，发现其缓解电网峰谷负荷效果有限。在国外解决方案中采用的是冰蓄冷方法，通过空调来蓄冷储能，即夜间低谷电时，制冰储存起来，到了白天热的时候，就让冰融化，为整幢大楼送冷气，这样的空调就叫冰蓄冷中央空调。这能减缓电力投资，提高发电的效率，还能做到节能减排，有着广大的商业化前景。

叶水泉将高校所学知识用于开发产品。冰蓄冷是绿色建筑技术的一个重要发展趋势，叶水泉决定运用自己所学知识解决企业实际蓄能问题。其硕士毕业后回到原来的研究所，成立了"人工环境研究室"，开展冰蓄冷空调的研发和应用。在研究所领导的支持下，1994年，为了推广冰蓄冷空调技术，成立了H公司（源牌科技的前身），经费实行自收自支。

通过分析国外同类型公司的做法，以及国家电网的政策后，明确了公司的战略——工程集成之路最稳妥，这样才能更好地服务客户，创造产值，增加团队销售收入，也有利于扩大再生产。创业团队成员开始对冰蓄冷中央空调技术和系统设备进行研发，试图打开这一全新的国内市场蓝海。

叶水泉创业过程对信息的获取与企业定位如图2-2所示。

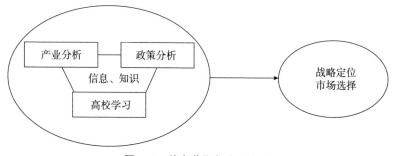

图2-2　信息获取与企业定位

通过市场检验有效的科研成果，才是真正有用的成果。叶水泉团队通过改进推广策略，为客户设计节能改进方案，收取项目咨询费，维持公司运营。在推广方案中，投资约需多少、效益将会怎样、运行后费用将节省多少……绍兴华联公司等一些单位相继支付设计费，这使公司得以延续生存。同时也证明冰蓄冷项目渐渐被人关注，研发商业化确有其发展前景。1995年上半年，绍兴一家港商投资的小饭店真正采用冰蓄冷空调。港商在了解冰蓄冷技术后，明白了这是节能降低成本的好项目，这是公司第一个真正实施的项目。成功实施的项目也为新的客户提供了成功的范例和样板，为后续的企业推广奠定了基础。

三、人才储备与知识运用

（一）人才储备

为了树立品牌，保证质量，公司开始培养自己的项目经理、施工员队伍，使其具备相应资质，因而逐渐建立了属于自己的安装施工队伍。由于业务发展需要技术，需要人才，需要施工力量，需要引进国外设备，公司将较大的冰蓄冷中央空调项目中的国外进口设备安装施工进行外包，同时对外包业务实行了工程质量监控。

源牌科技公司的省级工程技术研究中心拥有一支48人高学历科研队伍，覆盖发电、暖通、制冷、热动、材料、电气控制、仪器仪表等专业技术领域，专职从事建筑低碳能源与绿色环境技术研发工作，其中博士、教授级高工、高级工程师、工程师等中高级专业技术人才20余名，硕士以上学历的近20名。近年来，源牌科技共获得了77项专利及著作权，其中12项国家发明专利，自主知识产权产品占销售总额的80%以上。公司专利与著作权情况如表2-2所示。同时，源牌还拥有核心产品生产基地——"源牌绿色工坊"，其生产了一系列拥有自主知识产权的核心产品，是国内最大的蓄能和空调自控产品生产制造基地。

表 2-2　公司专利与著作权情况　　　　　单位：项

类型	2000~2008 年	2009~2017 年	2018 年至今
发明专利	3	9	0
实用新型	5	47	3
外观设计	0	14	1
著作权	1	12	2

（二）知识运用

（1）问题驱动原材料创新。有没有一种新材质，导热系数接近于冰，而又能像塑料那样耐腐蚀、重量轻、维修方便？蓄冰装置是冰蓄冷空调系统的核心部件，这一重要热交换设备，国际厂商采用钢管或塑料管进行设计制造，这两种材质各有优缺点。钢质盘管的导热系数很大，但是一旦表面结冰，冷热量的传递容易被冰挡住，而塑料盘管的热阻，会导致融冰后期温度不稳定，限制冰蓄冷装置的有效应用。通过公司不断地进行研发尝试，1998 年一种新的盘管材质——纳米导热复合材料由此诞生，其兼具钢管和塑料管的优点，摒弃两者的缺点，综合性能优势还非常明显。新材料通过了国家级实验室的检验，可以实际应用，这就是源牌科技冰蓄冷装置的核心原材料。

（2）分析研究本国市场，以及中外企业产品的优缺点，自主研发控制器。20 世纪 90 年代初，上海一座大厦率先应用基于 DDC（直接数字控制器）控制的变风量中央空调，每平方米空调投资高达1200 元，远高于普通空调的每平方米 400 元的造价。而且，这些产品不适合中国国情，其实际运行时还总是达不到设计目标，甚至无法自动化运行，后期维护的工作量更大。由于其"水土不服"，技术没能本土化，使得调试、维护等服务不及时，遇到故障时业主无计可施，严重影响系统的可靠性。三四年下来 85% 左右的装置就瘫痪了，不得不依靠人工操作。全国建筑智能化学会对此曾进行过普查，结果当然是不尽如人意。

（3）分析竞争对手的技术状况。在变风量空调（细分）市场上，源牌科技与曼妥思、Janson 等世界 500 强企业同台竞争，经历了一场又一场考验。在楼宇自控系统控制整幢大楼的照明、温度、湿度等设备的楼控装置中，当时这类楼控装置系统基本上由美国 Johnson、Honeywell，德国 Siemens 等欧美知名企业垄断中国市场。国外的高楼自主化的变风量空调系统本地化和后续维护方面成本高，难以适应市场需求。国外企业采取大规模标准化批量生产的办法，控制楼控设备的软硬件成本，如美国企业据此采用直接数字控制器（DDC），使用标准化的硬件，同时也提供刻制好的软件。这样虽然成本得到了较好的控制，但是对不同气候条件、不同应用场景和不同舒适性要求却无法满足个性化需求。DDC 的厂家利用软硬件技术控制中国市场，销售价格不降反升。国内建设方和研发单位极少能针对这一情况，对国外产品进行优化，国内施工单位又没有足够的能力做到专业协同到位。"洋品牌"的"水土不服"正是源牌公司的机会。

（4）不断地进行技术改进，控制研发和应用的制高点。冰蓄冷与变风量是两个不同领域的技术。冰蓄冷系统的设备主要在机房，它很好地解决了冷源部分的技术，变风量则注重末端如何送风这一技术，两者并不矛盾，在一个大系统中是互为交叉、互相融合的。对源牌来说，由于在冰蓄冷技术领域占先，具有本土优势、成本优势，已经得到了市场的广泛认可，国外竞争对手无法与源牌短兵相接地竞争。源牌在传感器技术上采取了多项技术措施，包括模糊控制，还在此基础上加了 PID 等手段，解决调控风量控制精度，如若要在 5% 之内，2 分钟内完成调控。为了确保每个变风量空调系统项目取得最佳效果，研发人员在安装、调试乃至维保阶段全程参与，积累经验，总结优劣，处理难题。有了这些自主创新的技术提升项目的品质，源牌科技有能力把智能化楼宇设备控制系统、冰蓄冷变风量低温送风空调和建筑能效管理系统建设成为全球超高层建筑的新标杆。

（5）基于国产 PLC 控制器，自主研发楼控系统。民用建筑控制不属于工业控制，其需要采用自动化控制系统。国电能源院在机电一体化产品方面毕竟还是有优势的。工业可编程逻辑控制器 PLC，国外不能完全标准化，单件开发成本较高。工业 PLC 的软件则可由中国自己的应用工程师编制，国内的企业擅长 PLC 开发，硬件市场竞争又比较充分，销售价格也越来越低，甚至已经接近于 DDC。基于 PLC 开发既比 DDC 控制精度高且运行更加可靠，而且采购价格又不增加，所以在获得了中央空调自动控制总集成这项业务后，源牌研发属于自己的新一代机电一体化产品，替代国外的 DDC 楼宇自动控制系统。按照能源环境协同控制理念，源牌需要拥有自己设计的软件，且对能源计量进行精确化管理，强化精确调试、整体化服务。为创造健康舒适环境的同时追求能源消耗最低这一目标，就必须突破传统路子，实现创新的设想。在成功研发了 PLC 楼宇自控技术之后，温湿度独立控制之柔性中央空调以及变风量空调项目的研发也获得了重大突破，作为核心部件——风阀控制器，公司采用世界上新兴的 ARM 芯片，替代国外传统的 8031 芯片，前者的计算能力更强，通信能力更快，可以满足工业通信要求。

（6）提供整体解决方案。源牌自主研发生产了 VAV-terminal，将变风量末端装置与自动控制系统进行整合，形成了一个新的组合型新产品，解决了原有变风量系统缺乏整体性的缺点，让系统运转更加协调一致，也为客户保障了售后的运行服务，并且减缓了机电安装的公司及建筑智能化公司的竞争压力。源牌首创"工程产品化"思路，把空调设备与自动控制紧密结合，提出了源牌集团特有的一体化 VAV 解决方案，将复杂的变风量系统打造成集成化标准产品，极大地简化了变风量空调系统的设计、安装、调试、维护等工作。源牌推出的这种一体化变风量空调系统在世界上属于首次研制成功，并实现标准化、工厂化生产和大数据本地化服务，这比美国、德国等一些跨国公司先走了一步。

源牌知识管理与发展战略如图 2-3 所示。

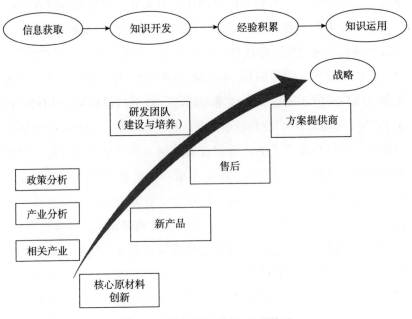

图 2-3　源牌知识管理与发展战略

　　源牌设计生产的变风量空调系统在实现舒适、节能、健康、高效等用户目标的同时，还能降低用户投资，对该产品的进一步推广不啻一个福音。源牌科技冰蓄冷系统欲通过承包工程方式，进入变风量系统市场。为避免过大的竞争压力，在承接冰蓄冷变风量低温送风中央空调项目时，在售卖设备基础上，承担起这一项目的整个系统的设计、调试和运维责任——全面应用科研新技术，确保该用户能转移高峰用电，节省电费，室内温度、湿度、洁净度和空气新鲜度都必须明确量化控制。在运维模式上的改变，是对以往由设计院进行设计、业主筹建班子购买设备、土建公司施工安装，最后却无人对系统负责旧模式的颠覆。

四、运用工业云整合

　　以互联网、云计算、大数据等现代智能技术，集成研发智慧低碳能源互联网。基于当地能源政策，结合各种能源价格和区域资源禀赋，以低碳为目标，开创园区式低碳能源规划，编制低碳建筑设计以保证规划的落地，并以众筹方式建成了智慧低碳综合能源站。

（1）引入西门子工业云。超高层建筑首次采用德国西门子工业4.0 SMART控制技术。西门子提供硬件，公司自行开发相关软件，调试和初步运行结果显示，系统数据传输迅速，系统运行稳定，控制精度达到工业级别。MindSphere被设计成一个开放性生态系统，工业企业可将其作为数字化服务，譬如预防性维护、能源数据管理以及工厂资源优化的基础。机械设备制造商及工厂建造者可以通过该平台监测其设备机群，以便在全球范围内有效提供服务，缩短设备停工时间。

进行制冰蓄冷用冷一体化、工程产品化、机电一体化、强弱电一体化、软件标准化、调试数据化、服务本地化等一系列创新，有效地提高了建设施工效率，且一次调试通过率超过90%。其中，变风量空调的变静压控制一次调试成功。初步调试和部分运行结果显示，室内温湿度、洁净度和安静度均达到设计要求，较好地实现了设计师们的设计思路。室内环境舒适健康，节能量超过20%，践行了源牌的智慧低碳节能理念。

（2）组建云售后。源牌构建了一个数据中心，用以汇集全国各地使用源牌产品的高端楼宇的运行参数，并通过系统传到位于青山湖的源牌集团总部数据中心，进行大数据分析，帮助和指导用户提高使用水平，同时高效、快速地解决使用中出现的问题。解决了用户在运维过程中不知道应该找谁的问题，通过这个互联网，每个用户都能及时知道怎样获得运维服务，专长如何，价格多少。客户中央空调一旦出了故障，可以通过网络与源牌总部、售后服务部门即时联系，采用远程技术诊断、解决。如果遇上较大的设备故障，就由源牌派出最近维保小分队到现场解决。专业人员加上互联网，硬件加上软件，偌大的上海也只需设立一个数据分中心，负责运维、预警、指导，再分区设置服务点，一切便全解决了。

服务链的延长意味着责任和商机的增加，为源牌打开了一个大型空调的"互联网+"服务市场。2018年，公司重点打造和培育的"e源服务云平台"初现成效，公司一举中标浦东机场运营管理，当前已为近500个客户创造了价值，促进了产品与系统有效、稳定、节能、安全运营。

对外界信息的获取与分析能力，不断地推动源牌科技的自主创新发展。企业的知识管理与企业发展目标相匹配。在产品开发方面，以提高性能和降低成本为两大目标，源牌通过自主技术创新，逐步加大研发投入，促进自主技术商业化，目前经费支出已达到销售收入的3%~4%。完善对技术团队的人才引进和激励考核等机制，专注研发市场需要的低碳节能产品，凝聚自身核心竞争力。对标国际，实现超越。公司通过控制逻辑和算法的创新，使通信速度和系统可靠性有了大幅度的提升，源牌工业级控制器PLC系统的通信速率和强大的控制功能得到了业主和顾问的一致好评，这坚定了源牌自控以工业级控制器PLC为核心，创新变革中国楼宇自控系统的信心。源牌研发、生产变风量空调系统产品，之所以能达到国际先进、国内领先的这个高度是离不开源牌研发中心全体科研人员关注科技发展前沿动态，一步一个脚印，及时应用最新科技成果，逐步提高工艺水平的努力。

五、案例小结

民营楼宇空调企业，企业创始人在高校学习期间，获取关于节能空调的前沿信息，毕业后在原公司的支持下，创立新的公司，并且不断地推广绿色节能空调，获取市场反馈信息后，不断地改进。随着公司规模的扩大，组建了研发团队，开发新产品并延伸到高端楼宇系统设计、安装与运维，不断地获取大城市的地标建筑项目。

在不断地获取国外市场信息的基础上，积极进入国际市场。本案例是企业家和高管团队，不断地获取绿色空调技术信息，并结合中国市场气候差异性和地理纬度差异性，开发具有自主知识产权的楼宇控制系统，并与国外产品竞争，实现成长的案例。

第三篇

并购的知识整合管理：以浙江诺力为例

诺力智能装备股份有限公司（以下简称"诺力公司"，公司网址 http：//www.noblelift.cn/）通过自身不断的知识积累和商业化运用，建立技术中心，根据市场需求，研发新产品。完善售后服务，逐步成为物流服务方案提供商。在此过程中，诺力公司通过两次收购互补企业，促进企业的产业升级，加速向智能仓储物流服务提供商转型。同时，与供应商共享部分技术和管理知识，使供应商承接部分重要部件，从而提升产品质量。

一、浙江诺力公司简介

诺力公司是位于浙江湖州长兴的智能物流设备与方案的国际化公司，提供物料搬运设备、智能立体仓库、智能输送分拣系统、无人搬运机器人 AGV 及其系统、供应链综合系统软件等整体解决方案。公司下辖诺力北美、诺力欧洲、诺力俄罗斯、诺力马来西亚、诺力新加坡、无锡中鼎、诺力车库等多家子公司，以及法国 SAVOYE 公司，员工总数达 1000 余人。公司智慧物流系统业务主要有三个生产运营基地：以中鼎集成为主的无锡生产运营基地、以 SA-VOYE 公司为主的法国生产运营基地、以上海诺力为主的上海生产运营基地。公司坚持奉行"质量第一、信誉至上"的宗旨，注重企业品牌建设和质量诚信建设。公司先后荣获"浙江省高新技术企业""浙江省名牌产品""浙江省企业技术中心""中国外贸企业信用体系指定示范单位""全国质量、信誉双保障示范单位",2020 年 3 月上榜"制造业单项冠军企业"和"浙江省隐形冠军企业",正逐渐成为仓储物流领域具有强大研发制造能力的领导企业之一。

诺力公司前身是长兴二轻系统一家生产煤炭机械的集体企业,2000 年改制成为一家民营企业,主要从事轻小型搬运车辆及电动仓储车辆的研发、生产和销售等。经过了十余年的发展后,诺力在物料搬运业务方面完成了两个阶段的技术迭代,不断更新研发新产品,成功从一般设备供应商转变为高端设备供应商,在轻小型搬运车辆的领域继续维持全球领先 OEM&ODM 供应商的地位。2000 年 3 月 3 日,诺力智能装备股份有限公司成立,2015 年在上海证交所主板市场上市。2016 年并购国内优秀的物流系统集成商——无锡中鼎集成技术有限公司,以近 700 例各行业项目积累的丰富经验,为客户提供从规划设计、项目管理,直至实施运行的各类自动化立体仓库及物流中心的定制化解决方案,成为名副其实的"全领域智能内部物流系统提供商"。2018 年,诺力参与投资的产业并购基金完成了对法国 SAVOYE 公司全部股权的收购,极大地强化了诺力在物流系统集成技术和软件服务方面的能力,使其物流系统集成服务能够阔步进军国际市场。

诺力发展大事记如表 3-1 所示。

表 3-1　诺力发展大事记

年份	大事记
2000	长兴诺力机械有限责任公司成立
2005	赢得欧盟反倾销胜诉(手动液压托盘搬运车)
2006	诺力欧洲公司在德国成立
2008	获得"国家高新技术企业"称号
2009	董事长、总经理丁毅当选为中国工程机械工业协会第四届理事会常务理事

年份	大事记
2010	电动步行式仓储车销量达到国内行业第一位； 诺力机械分别入选"浙江省百强企业"和"中国民营企业500强"
2013	诺力马来西亚总工厂投产
2014	诺力立体车库产品发布
2015	诺力在上海证券所挂牌上市
2016	购并中鼎集成公司； 诺力北美子公司成立； 诺力俄罗斯子公司成立
2017	诺力四期智能化工厂全面投产
2018	诺力成立并购基金法国SAVOYE公司

资料来源：根据 http：//www. noblelift. cn/about. show. 102. html 整理。

诺力坚持"核心设备+系统集成+软件服务"全产业链战略部署，聚焦核心业务，推动精益生产，实现稳定、健康、快速的发展态势。近年来，诺力逐渐拓宽业务领域，通过外延发展与内涵发展相结合的方式，持续巩固并升级物料搬运与制造板块的技术优势，从传统的建筑机械、起重运输设备和五金工具等制造，到现在专注于从事高效节能仓储车辆和智能仓储物流设备的研发生产、智能物流系统规划咨询、计算机系统集成、软件开发、销售及技术服务。公司的销售网络遍布全球，全球化研发，先进制造，企业的总资产和营业收入不断提升（见表3-2）。

表3-2　企业近3年的营业收入与总资产

年份	2017	2018	2019
营业收入（亿元）	21. 20	25. 53	30. 87
总资产（亿元）	29. 64	35. 36	50. 55

资料来源：诺力公司2019年年度报告摘要。

二、技术中心与人才培养

组织结构设计方面。诺力国家企业技术中心共有研发人员 191 人，其中博士 16 人，建有 5800 平方米的独立研发大楼。企业技术中心下设"五大平台"——"研发测试平台""产品 & 技术研究平台""研发分中心""产学研合作平台""研发服务平台"（统筹协调和全方位支持），共同发挥研发主体作用，开展基础、产品、集成应用等研究，使五个功能板块协同支持技术中心研发工作全面展开。

硬件方面。建立了三个大型室内试验室：噪声测试室——用于工业车辆行业消声实验，工业车辆环境实验室——用于工业车辆的高低温、湿度实验，振动实验室——用于工业车辆行业三轴向水冷式电动振动实验。为这些实验室装备了 220 多台套的行业领先科研设备，设备原值超过 4500 万元。先进完备的实验室，是企业设计开发先进设备的基础，保障了企业的可持续发展。

人才培养方面。诺力进行了大量人力资源的投资，新进大学生深入企业一线，了解先进的车间管理体系，产品的生产过程，体验工业 4.0 的全过程并定期进行汇报，进行经验的分享。2019 年 9 月 11 日，人力资源部联合行政部于下午共同组织开展新员工分享交流座谈会，以"倾听'新'声，助力'青'成长"为主题，帮助新入职的员工成长与适应。选派企业中层管理人员和研发人员，前往国内知名高校培训和学习，如浙江大学、清华大学。在不断培训学习后，人员的管理能力和研发能力都有了较大的提升。鼓励团队合作，倡导并鼓励多元化跨文化的人力资源合作。销售人员将各国的反馈信息汇总到技术中心，由技术中心进行研发设计改进。

同时，在集团内部为促进销售团队学习市场开发知识与技巧，增强国际业务营销能力，快速提升自身素质和能力，创造更出色的业绩，诺力公司邀请内销中心各大区经理等主要销售人员参与《海外大客户开发与外销数据分析》的培训课程，并从"海外大客户开发管理与维护""海外代理商与海外经销商的开发与管理""情报分析与网络搜索技巧"三个方向详细讲解了国际市场分析、开发及大客户维护等知识。诺力公司通过业务培训、业务实践等方式，引导营销团队参与到新业务中去。诺力收购法国 SAVOYE 自动化集成公司，在北美、欧洲、俄罗斯等地设立海外销售公司，聘任国外销售人才积极拓展海外市场。解决方案营销的复杂性、综合性、专业性以及多变性，给营销团队的销售实践提出了高要求。Keith Eades 指出，"解决方案营销是迄今唯一要求销售人员同时具备良好的需求辨别、产品专业知识、交际能力和销售技巧四种能力，即客户场景处理能力的销售模式"，因为"采购者更愿意与更好了解和把握其需求，解决其问题的销售人员做生意"。

先进的技术中心、智能的制造车间、完善的人才培养和提升机制，极大地提升了企业的研发实力和新产品（服务）开发能力。诺力是具备智慧物流系统核心设备研发和制造能力的公司，目前公司能够提供的产品包括：堆垛机、多层穿梭车、自动包装机、输送系统、搬运机器人、有轨制导车辆（RGV）、分拣机等智能设备。已有60 多个新产品及项目通过了省级（含）以上鉴定验收，产品技术水平达到国内领先或国际先进水平。主持或参与制修订国家标准 26项、行业标准 3 项、团体标准 2 项，拥有授权专利 320 余项。

三、兼并收购完善产业链

由于各个公司知识的异质性、能力所依赖的知识要素的不同，企业发展需要的知识分散在不同区域、不同机构、不同企业之中，因此企业为了获取所需的知识，需要跨组织边界、区域边界，跨领域，通过纵向的学习积累，在市场购买专利、许可等获取互补的或替代的知识单元。

随着经济的增长，需求将继续走高，行业也正在逐渐改变，将分散、单一的服务交易业务（如运输或者仓储）转向提供一站式、端到端的综合物流解决方案。先进的智能制造车间和研发体系，不仅使企业生产高质量先进产品，也促进企业向价值链两端拓展。另外，企业通过兼并收购延伸上下游产业链，实现规模扩张和产业转型升级，构建完善产业生态体系。

（一）收购中鼎集成

2016年，完成对中鼎集成90%股权收购，切入智能物流系统领域。2019年，收购中鼎集成剩余的10%股权，中鼎集成成为诺力股份全资子公司。中鼎集成在动力电池领域优势相对突出，自主研发的"动力锂离子电池生产智能化物流成套系统"，在锂离子电池生产物流装备技术及生产管控集成技术领域处于国内领先水平。

中鼎集成提供的客户解决方案

中鼎集成针对医药行业、冷链行业、新能源行业、汽车行业、食品行业、家居建材行业、军工行业、变压器行业等，在输送、仓储、拣选、控制、软件等各个环节，致力于为不同行业客户量身打造从前期咨询、方案设计、数据仿真、设备制造，直至运输、安装调试、售后服务于一体的定制化解决方案。

存储系统解决方案——原料/成品仓库主要由仓储和码垛两部分构成，以托盘为单位对原料和成品批量存储。仓库通过输送系统与上游加工线/下游包装线无缝衔接，通常二楼入库，一楼出库，库外通过月台与卡车对接。

物流中心系统解决方案——物流配送中心是商品流通的核心环节，广泛应用于医药/服装/快消品/电商等行业，主要由仓储、拣选、打包、分拣四部分构成：仓储区批量存储成品并向拣选区补货；拣选区根据订单拣货（摘果式、播种式）；打包区对完成后的订单复核、

打包；分拣区按装车规则对订单进行分拣。由于采用"货到人"的作业方式和自动化设备的结合使用，所以较少的人力却能创造出极高的拣选效率，与传统分散的物流网络相比，大型配送中心规模化、信息化的整合处理，能极大地降低企业流通成本。

分拣系统解决方案：①交叉带式分拣系统，由主驱动带式输送机和载有小型带式输送机的台车（简称"小车"）连接在一起，因为主驱动带式输送机与"小车"上的带式输送机呈交叉状，当"小车"移动到所规定的分拣位置时，转动皮带，便可完成把商品分拣送出的任务。②万向球分拣系统是将若干具有动力的万向球以一定的密度固定在钢板上形成平台，根据分拣系统控制软件，使承载物按照一定的方向导向不同输送路线的分拣系统。③滑块分拣系统由链板式输送机和具有独特形状的滑块在链板间左右滑动进行商品分拣。堆块式分拣系统是由堆块式分拣机、供件机、分流机、信息采集系统、控制系统、网络系统等组成。④斜导轮式分拣机 Line Shaft Diverter：当转动着的斜导轮在平行排列的主窄幅皮带间隙中浮上、下降时，达到商品的分流目的。斜导轮式分拣机是第二次世界大战后在美国、日本的物流中心中广泛采用的一种自动分拣系统，该系统目前已经成为发达国家大中型物流中心不可缺少的一部分。

输送系统解决方案——输送设备包括链条式输送机、辊筒输送机、移载机、提升机、AGV、地牛工作机、RGV 等，在生产物流领域应用十分普遍，如车间输送线、在线包装线、汽车装配线等。在自动化立体仓库系统中，输送系统是连接生产现场、作业区与储存区之间的通道和桥梁，具有自动化程度高、连续作业效率高、维护成本低、方便快捷等优点。①板链输送系列：板链输送机适用于形状不规则物品的重载输送。链条选用空心大辊子带附件链条，在两侧同步链条的附件上用板状构件连接使输送方向形成连续的平板，因而运行平稳。②辊筒输送系列：辊筒输送机适用于各类箱、包、托盘等件货的输送，散料、小件物品或不规则的物品需放在托盘上或周转箱内输送。能够输送单件重量很大的物料，或承受较大的冲击载荷，辊筒线之间易于衔接过滤，可用多条辊筒线及其他输送机或专机组成复杂的物流输送系统，完成多方面的工艺需要。可采用积放辊筒实现物料的堆积输送。③悬挂输送系列：具有起重、运输、储存等功能，并能满足各种加工和装配工序的要求。其广泛应用于汽车、摩托车、轻工家电、食品、邮政等行业。

软件服务——自动化仓储软件由控制监控系统（WCS）和信息管理系统（WMS）构成。中鼎拥有专业的软件开发团队和多项软件著作权，相关软件具有实用性、可靠性、先进性和开放性的特点，可与市面所有主流 ERP、MES 等信息化管理系统软件实现无缝对接，中鼎承诺为客户提供终生技术支持。

资料来源：中鼎官网，http://zdwlsb.com/index.php? m = about & a = index & id = 11

（二）收购 SAVOYE

2019 年 6 月，诺力股份同意公司与长兴诺诚投资合伙企业、长兴帜诚投资管理有限公司、长兴麟诚企业管理咨询有限公司共同签订《关于长兴麟诚企业管理咨询有限公司之股权及债权转让协议》，收购 SAVOYE 公司全部资产。SAVOYE 公司成立于 20 世纪 60 年代，位于法国第戎。旗下共拥有八家子公司，可提供从动态仓储设备、自动化轻重负载设备及系统的设计与生产解决方案到综合性物流软件集成系统解决方案，其中 660 个位于法国，在电子商务、纺织、工业零部件、办公用品、食品零售以及冷冻仓库等领域积累了丰富的经验，旗下 PTS 货到人高速穿梭车拣选系统在行业中处于领先水平。

SAVOYE 的核心产品与诺力股份的系统集成板块具有很强的互补性，并和公司在供应链管理、国际市场拓展和经营、成本优化等多方面具备资源整合和增效作用；它的核心产品高速及冷链多层穿梭车、货到人分拣系统、物流管理软件在中国市场具有广阔的前景，尤其在电商、医药和生鲜冷链行业，可以发挥高密度存储、高动态应用、高可靠性和高拓展性解决方案的优势。

在技术创新和兼并重组的过程中，诺力已发展成为内部物流领域领先的具有集成创新能力的智能仓储物流整体解决方案提供商。为迎合异质化、碎片化的顾客需求，诺力为各大优质企业提供系列化的产品和定制化的服务。其物流方案中主要包括以轻小型搬运车辆、电动仓储车辆、智能物流机器人等工业车辆制造为核心的物料搬运板块，以中鼎集成为核心的智能物流集成板块。除此之外，公司还积极整合资源，持续拓展高空作业平台的产品和业务，构建有竞争力的产品组合。实现从"传统物料搬运设备制造商"到"全领域智能内部物流系统综合解决方案提供商和服务商"的战略布局。

在供应商管理和提升方面，诺力建立完善的供应商管理体系。对于长兴本地的供应商，诺力在生产工艺和制造技术方面，会给予一定的指导和帮助，包括财务管理支持、公司 6S 现场管理输出指导，有利于建立长期、稳定、可靠的供应商关系。一方面，提高供应商的制造和管理水平，从而保障诺力产品和服务的品质及稳定性。另一方面，随着诺力的转型升级，原来制造的部分产品也可转由这些高品质的供应商进行生产。

四、企业转型升级

（一）智能生产车间

在生产设备方面，企业拥有数控焊接机、加工中心、装配流水线、焊接机器人、数控铣床、数控车床、全自动喷涂流水线、大型油压机、冲压设备等高、精、尖大型智能设备 200 多台，同时还拥有疲劳寿命测试机、液压测试台、倾翻试验台等50多台先进专用检测设备。公司拥有先进的生产设备，工艺上采用国际先进标准作为公司产品的技术指标，这些是企业生产先进和高质量产品的保证，为技术中心开发的新产品进行小试和中试。智能工厂中的切割生产线、焊接生产线、涂装生产线和柔性化总装线都需要搬运车辆的参与，尤其是人工智能技术如无人驾驶工业车辆（AGV）引导设备的应用，这些核心设备则全部来自于诺力物料搬运业务的生产。

诺力通过内部以数字化建设整合工艺流程仿真，实现全厂区智能制造，2019年被浙江省经济和信息化厅认定为"智能工厂"。企业内部物流信息化是企业信息化的重要组成部分，物流信息管理系统通过与企业其他管理系统无缝对接，实现信息在企业的各个系统之间自动传递与接收，使企业实现信息化，避免物流系统成为"信息孤岛"。诺力提供的信息管理系统均源自中鼎集成在物流软件方面的探索与研发。仓储控制系统WCS介于仓储管理系统WMS等上层信息管理系统和PLC等下层硬件执行系统之间。其一方面接受管理系统指令，将指令发送给PLC等硬件执行系统，从而驱动设备运转；另一方面将PLC系统的状态和数据实时反映在界面上，并提供对PLC等硬件系统的手动调试接口。WMS通过RFID/条形码等信息识别技术实现货物和托盘与数据的绑定，有效控制跟踪物流动态，并与WCS等设备控制系统对接，实现仓库作业调度，构建全面、高效、智能的仓库管理平台。诺力率先建立了工业PON网络系统，率先应用5G工业互联网，突破工业信息安全技术，实现各类工业机器人、激光切割机、数控机床、自动化喷粉线、自动化立体仓库、MES、PLM、ERP等智能设备和软件系统信息互联互通。在企业生产经营的全流程中，实现了生产信息交换、传递集成和共享，以及企业资源高效运转。

企业利用工业云、物联网技术、设备监控技术和远程运维全生命周期系统，来加强信息和服务，通过将信息技术、自动化采集识别技术、数字化加工技术与现代管理技术相结合，打通企业生产经营全流程，实现从产品设计到销售，从设备控制到企业资源管理信息快速交换、传递集成和共享，达到企业资源的优化配置和高效运转，改造和提升设计、生产制造水平，从而极大地提高企业的生产效率。

（二）企业转型升级

诺力先进的生产车间和技术中心，不断地接收来自各地销售公司的反馈，进行改进完善和研发。在企业的发展过程中，通过兼并收购，提升技术研发实力，延伸产业链条，从而能够提供完整的领先的软硬件解决方案。诺力进一步拓展国际市场，以实现公司成为全球知名内部物流设备供应商和系统集成商的愿景。

在售后和硬件运维方面，针对智能物流解决方案售后运维，诺力提供"服务+配件"的双重保障。服务保障由服务网络、服务工程师团队、服务装备和呼叫回访四个方面构成。诺力国内设置"5+1"直属区域管理中心，即苏沪（苏州）、浙闽（杭州）、华南（东莞）、华北（济南）、西部（西安）五大区和长兴总部，负责区域服务商和直销客户服务，涵盖服务、配件、技术支持的应急快速响应支持。另外，诺力还拥有约300家专业经销商、500多名专业服务工程师、300余辆售后服务车，可以提供24小时全天候服务。在提供配件保障的同时，诺力为经销商特别定制了一款电商平台——乐搬网，在共享产品、配件、售后服务等信息支持的同时，优化经销商产品和配件的订购流程。

基于并购知识整合与产业升级如图3-1所示。

在向解决方案提供商转变前，诺力集团的目标市场主要是机械制造、物流快递等行业，为其提供搬运车、堆高车和叉车等搬运设备。原有物料搬运的市场同样可以作为解决方案业务的市场，核心设备在集成解决方案中的供应是利用式服务化在制造环节的一大体

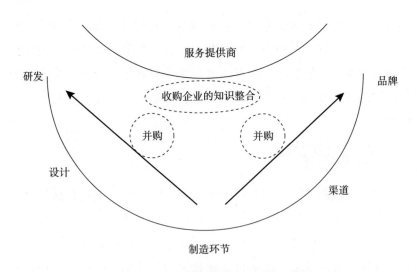

图 3-1　基于并购知识整合与产业升级

现。在物料搬运领域，诺力产品线丰富，应用行业广泛，从轻小型搬运车辆到电动仓储车辆，诺力产品和解决方案充分满足了国内外客户在不同方面的搬运需求。例如，在医药行业，由于受到许多政策和法规的引导和监督，需要遵循 GMP、GSP、FDP 规则等的要求。这些严格而又具体的规定提高了医药行业的准入门槛，客观上要求医药及其相关企业不仅仅在开发生产商，同时在仓储和配送环节执行连续的质量监控和过程体系。诺力曾经仅仅只是为企业提供一些搬运设备，而现在诺力可以根据发展的客户行业规范和要求，进行物流中心和自动化立体仓库的建设。企业也逐渐发展成通用设备制造行业以及工程设计服务等专业技术服务行业。

　　企业自身也在不断地嵌入国内智能物流体系的建设中。诺力借助丰富的行业经验和高端的技术手段，为客户提供成套物流解决方案。子公司中鼎集成与菜鸟网络共建"菜鸟城"二期，为其量身定制智能物流配送中心，取代单一的提供搬运车辆。其中，菜鸟网络围绕天网（大数据、云计算）、地网（全国布局 12 个大点）、人网"三网合一"的理念，将消费者、电商客户、物流伙伴联结起来，织起一张面向全球的物流大网，为未来的商业打造物流基础设施。此次合作是中鼎集成助推菜鸟网络实现共享仓储设施资源的重要一步。通过共享物流资源实现物流资源优化配置，从而提高整个物流行业的整体物流系统的效率，降低物流成本，推动物流系统朝着共享物流的模式创新发展，最终创造出更高的物流价值，从而使社会大众受益。

五、案例小结

诺力公司自主积累产品知识，进行运用开发，通过并购产业链上的研发企业，完成叉车企业向智能仓储物流设备和方案提供商的转型升级。与此同时，建立和完善供应商管理体系，对于供应商进行技术和管理知识输出。本案例介绍了企业在自主进行知识研发和商业化的基础上，采用并购获取互补的知识资产，实现产业转型升级的成长过程。

参考文献

［1］聚焦高质量发展　诺力上榜"制造业单项冠军企业""隐形冠军"企业［EB/OL］.［2020-03-18］. http：//stock. 10jqka. com. cn/20200318/c618595599. shtml.

［2］诺力股份拟收购 SAVOYE 公司全部资产，收购价合计 4. 19亿元［EB/OL］.［2019-07-01］. http：//cn. large. net/news/27739. html.

［3］诺力股份关于参与投资的产业并购基金的对外投资进展公告［EB/OL］.［2018-11-15］. http：//t. 10jqka. com. cn/pid_99539927. shtml.

第四篇

企业研究院知识管理：以吉利汽车为例

大型的汽车厂商具有重组的资金和雄厚的研发实力，能够组建完善知识管理的强大系统。汽车企业可以通过多个方面进行知识的获取与存储：①设立多个研究院，多个研究院皆各有分工且协同设计，完成开发设计工作。②兼并收购互补的企业，吉利兼并收购沃尔沃、变速箱厂商等互补性厂商，完成核心部件的知识获取。③依托于研究院，建立完善企业内部的知识管理制度和人才培养体系，购买期刊文献和订阅杂志。运用数据库技术将自主开发的知识进行存储，并为员工设置获取权限学习。完善的知识产权管理，能使企业具有大量自主知识产权的专利、标准、开发平台等重要知识资产。④在人才培养方面，建立自己的教育机构，培育企业所需的人才，并与多个高校和研发机构进行合作，同时建立多个研究院来进行知识获取、人才培养、知识存储和商业化运用。

一、吉利汽车简介

吉利控股集团已发展成为一家集汽车整车、动力总成、关键零部件设计、研发、生产、销售及服务于一体，并涵盖出行服务、线上科技创新、金融服务、教育、赛车运动等业务在内的全球型集团。企业总部位于中国杭州，始建于1986年，于1997年进入汽车行业。2019年，吉利控股集团旗下各品牌在全球累计销售汽车超217.8万辆，同比增长1.23%。吉利控股集团规划于2020年实现汽车年产销超 300 万辆，进入全球汽车企业前十强。公司总资产超过 3300 亿元，连续八年成为"财富"全球 500 强企业。当前吉利控股集团拥有超过 12 万名员工，其中包括超 2 万名研发和设计人员。

企业不断通过自身发展和兼并来发展企业技术能力，吉利控股集团还是沃尔沃集团第一大持股股东、戴姆勒股份公司第一大股东。2009 年吉利收购了全球第二大变速箱生产企业澳大利亚 DSI 公司，2010 年吉利全面收购全球豪华汽车品牌沃尔沃，这些将极大地提升吉利汽车的核心技术水平。吉利控股集团旗下拥有吉利汽车、领克汽车、沃尔沃汽车、Polestar、宝腾汽车、路特斯汽车、伦敦电动汽车、远程新能源商用车、太力飞行汽车、曹操专车、荷马、盛宝银行、铭泰等众多国际知名品牌。各品牌均拥有各自的特征与市场定位，既相对独立又协同地发展。

吉利汽车发展大事记如表 4-1 所示。

表 4-1　吉利汽车发展大事记

年份	公司大事记
1986	开始创业
1994	进入摩托车行业
1996	吉利集团有限公司成立
2002	进入中国汽车企业十强
2003	浙江吉利控股集团有限公司成立
2005	在香港证券交易所上市
2006	投资入股英国锰铜公司
2010	收购沃尔沃汽车
2012	进入《财富》500 强
2013	中欧企业技术研发中心（CEVT）在歌德堡成立； 全资收购因果伦敦出租车工资

年份	公司大事记
2017	收购马来西亚 DRB 旗下宝腾汽车及路特斯股份； 收购美国太力汽车飞行公司； 收购沃尔沃集团 8.2% 股份，成为第一大执行股东
2018	入股戴姆勒公司

资料来源：根据公司网站及相关资料整理，本表仅列出与主题相关的大事记。

二、构建教育体系

吉利办教育既是对教育事业的向往，也是因地制宜，为汽车工业发展提供人才保障。实践证明，吉利的教育事业为吉利汽车工业的发展提供有效支撑。从 1997 年涉足教育行业，到目前其创办了八所院校（见表 4-2），吉利教育遍地开花，涵盖从职高到研究生不同培养层次，累计为社会培养了 15 万人才，每年有近万名毕业生走上工作岗位①。有了市场导向还不行，需要用企业的真实环境作为教育背景培养学生，才能缩短人才培养与试产岗位需求之间的距离。吉利的"311 就业导向教育模式"，是指有三门必修课（语文、英语、计算机），以职业道德为核心，围绕一个岗位/职业培养一技之长。这一培养模式于 2005 年首先在北京吉利学院（原北京吉利大学）推行，为企业行业培养大量高技能高素质的人才。

表 4-2　吉利集团所（参与）筹办的高校

年份	筹办学校
1997	浙江经济管理专修学院（发展为浙江豪情汽车工业学校、浙江吉利技师学院、浙江汽车职业技术学院三所全日制院校）

---

① 除了汽车梦 李书福还有一个教育梦 [EB/OL]. [2019-09-24]. http://www.21jingji.com/2019/9-24/3NMDE0MTBfMTUwOTM3Ng.html.

续表

年份	筹办学校
1998	浙江豪情汽车工业学校、浙江吉利技师学院、浙江汽车职业技术学院
2000	北京吉利学院（升级为本科高校）
2005	三亚学院
2007	浙江汽车工程学院（中国第一所民办研究生院） （下设工学院、管理学院、营销学院及博士后工作站）
2008	浙江企业职业技术学院（2006 年筹划，2008 年建成） （开设汽车、电子、机械制造和商贸流通等专业）
2009	三亚理工职业技术学院
2012	湖南吉利汽车职业技术学院（全日制普通高等职业学院）

资料来源：根据相关资料整理。

　　紧跟企业行业相关学科的前沿发展趋势，建立高等研究院，构筑高新技术学科的基础。2007 年吉利投资创建的中国第一所民办研究生院校——浙江汽车工程学院，以培养车辆工程、企业管理、汽车营销专业的硕士、博士为目标，是吉利集团为加强企业核心竞争力、培养汽车应用人才而构筑的学术平台。三亚学院布局 5G、AI 学科，成立信息与智能工程学院，于 2018 年建设"区块链"院士工作站以及"大数据级超性能计算"院士工作站协同发展中心。吉利一直面向市场需求，以就业为导向，校企合作，紧跟学科前沿，进行应用型与研究型人才的培养。吉利的教育体系是自主创新的基础。

　　"发现人才、培养人才、留住人才"是吉利汽车的三大利器，通过引进外部高端人才与内部培养人才，形成吉利的"人才森林"。在人力资源管理方面，2012 年开始试点业务伙伴模式（HRBP），2014 年围绕吉利精品车战略，人力资源部门建立共享服务中心（SSC）、专家中心（COE）推进 HRBP 模式。2018 年 12 月吉利提出了符合全球化的人才发展和管理的 SEE 模型，即人才战略（Strategy）、人才赋能（Empower）、人才体验（Experience）。截至 2019 年，吉利拥有数百名全球知名专家，其中 30 多名为国家级高层次人才。

三、基于研究院的知识管理

在公司战略技术层面，吉利在 2012 年确立了以智能化为导向的发展道路。全新的 iNTEC 技术品牌聚焦人性化智驾科技，将涵盖动力、安全、智能驾驶、健康生态、智能互联等核心技术模块，如吉利 3.0 精品车产品中型轿车博瑞，已经配备了 ACC 自适应巡航、城市预碰撞系统和车道偏离预警系统等安全系统，这些均是吉利人性化智驾的体现。完善的知识管理体系平台，通过知识管理体系让研发人员汲取行业内先进技术知识，使自主研发的知识和技术能够得以积累和商业化应用，让现有研发人员快速成长，为产品设计和创新发挥作用。

企业 KMS 知识管理系统，负责进行知识分享库、数字图书馆、科技交流、技术标准、设计参考数据库、案例库、论文和专利等知识管理相关数据库的建设，该系统完全自主开发，且于 2008 年获得了国家知识产权局颁发的软件著作权证书。知识管理体系不仅形成了制度化、流程化的管理过程，而且通过 KMS、GPLM 和 CAD 三大信息平台实现了系统化的落地实施。GPLM 产品生命周期管理系统，负责通过开发设计导航模块，实现流水线式开发流程的应用。CAD 计算机辅助设计软件，负责将设计经验和设计方法模板化和参数化，实现知识工程模板的应用。

（一）设立全球研发中心

目前，吉利拥有杭州、宁波、歌德堡和考文垂四大研发中心；上海、歌德堡、巴塞罗那和加利福尼亚设计中心和团队，研发人员超过 2 万人；全球化多点布局的研发体系、沃尔沃的协同创新合作等优势领先铸就吉利品牌。研究院以"自主研发，广泛合作，掌控核心技术"为目标,开展了知识管理体系建设。以组织和制度保障为根本,对外以产学研一体化、国际化合作等方式,促进各类行业前沿知识的引进;借助信息化手段和管理创新,完善知识数据库的建设和共享;不断加速知识应用,带动产品开发效率提升;建立健全激励和保护机制,激励员工知识创新积极性,保护研发成果。

1. 吉利宁波杭州湾研发中心

位于宁波杭州湾新区的吉利新研发中心,于 2017 年 5 月 10 日正式启用。研发中心占地 415 亩,总投资 62 亿元人民币,中心架构分别由整车研究院、汽车动力总成研究院、新能源汽车研究院、汽车创意设计中心构成,拥有国内目前较为先进的研发技术中心、整车试验中心、动力总成试验中心、整车试制中心及其生活配套,集设计研发、试验试制、质量控制、供应商协同开发于一体,具备独立的整车、发动机、变速器、电子电器的自主研发能力,具备汽车关键零部件试验和总成试验,以及新能源电机的性能试验、底盘耐久试验、整车分析评价、结构研究及测量等功能。

2. 吉利瑞典歌德堡研发中心

2013 年 2 月 20 日,浙江吉利控股集团宣布在瑞典歌德堡设立欧洲研发中心(英文简称 CEVT),整合旗下沃尔沃汽车和吉利汽车的资源,打造新一代中级车模块化架构及相关部件,以满足沃尔沃汽车和吉利汽车未来的市场需求。研发中心设立在瑞典歌德堡市的 Lindholmen 科技园。2013 年 9 月,CEVT 投入运行。在组织架构设计上,瑞典歌德堡的 CEVT 归属吉利控股集团领导,由吉利汽车集团负责经营,其担负研发的全新品牌领克,与现有吉利汽车集团品牌平行。目前,CEVT 拥有近 2000 多名员工,其中 CEVT 歌德堡研发中心共有员工 1500 多名。CEVT 的工作范围涵盖了吉利控股集团旗下所有未来战略产品以及研发平台,具体包括了共享架构、底盘、动力总成、传动系统、车体和车型外观设计、整车采购、质量管理以及新产品的市场营销等。

3. 吉利英国考文垂研发中心

2015 年吉利在英国投资 5000 万英镑（约 5 亿元人民币），建设前沿技术研发中心和新工厂，研发和生产 9 种不同车型，包括集团将推出的轻量化新能源商用车。此前吉利已在英国考文垂市的安斯蒂地区斥资 2.5 亿英镑（约合 24.5 亿元人民币）建设了一座新工厂，用以生产全新一代伦敦出租车，并销往全球各个市场。据了解，该工厂占地面积 85000 平方米，在吉利再度投资 5000 万英镑后，项目总投资额达到 3 亿英镑。对于在英国扩建项目，其将充分整合资源，发挥英国在新能源汽车领域的技术基础和原创性人才优势，通过在英国设立前沿技术研发中心，不断研发推出引领技术趋势和符合市场需求的新车型。

4. 吉利杭州研发中心

2010 年，吉利在杭州斥资 3.5 亿元建立新研发中心，时隔 6 年时间又将杭州研发中心搬至宁波杭州湾研发中心。全面涵盖了综合管理、整车开发、总成开发、开发支持和产品工程等各个环节，并参照国际化的先进管理体系，制定了适合中国国情、具有吉利特色的整车、发动机和变速器的产品开发流程，建立了较为完善的知识管理体系。

（二）内部学习分享机制

搭建企业内部数字图书馆，获取前沿先进和权威准确的知识信息。研究院利用数字化、信息化、网络化技术和方法，建成企业数字图书馆，覆盖机械设计、电子电器、计算机等中英文专业图书，订阅了 100 多种汽车专业杂志和报纸，方便员工查阅学习。2007 年开始引入了中国知网（CNKI）数字图书馆，提供给研究院及整个集团的用户在线使用。数字化图书馆为研究院的科技创新、管理创新工作提供了极大的便利。研究院的管理者能够方便快捷的获取大量信息，随时掌握行业的发展动向；关注不同国家、行业以及国际和其他国家的法规、标准信息，即时发布、即时搜集、即时更新、即时上传，为技术人员提供超前的信息和文本，保障产品研发需求。采取数字内容版权保护技术，保证技术标准无法外传。同时，针对不同的技术人员，规定不同的查看权限范围，进一步加强其保密性。

知识分享就是通过定期举办知识分享会，由浙江汽车工程学院授课，加强数字化图书馆和举办科技的交流，不断引入行业内先进汽车研发知识，并在内部形成知识共享平台。知识积累与沉淀就是通过建立企业技术标准，编撰形成吉利汽车技术手册，建立设计参考数据库和案例库，总结已有经验并创造形成企业自己的知识库。知识应用与创新就是将企业总结形成的流水线研发流程通过设计导航系统进行应用，将企业总结形成的设计方法和设计经验通过 CAD 知识工程进行应用，最终提高产品开发效率，促进产品设计创新。知识成果激励与保护就是建立知识激励机制，鼓励员工进行知识创新，并对已有的知识创新成果进行保护，不受他人侵犯。

知识分享平台，不断提高员工知识水平和操作技能。通过"知识分享系列讲座"，以构筑吉利自己的技术人才高地，搭建交流学习的互动平台。研究院的"知识分享讲座"秉承"人人是老师，人人是学生"的先进理念：在这个讲台上，任何人只要在某个专业领域内有所心得，都可以与他人一起分享自己的成功经验和失败教训。"知识分享名人堂"的讲师们可以来自研究院内部或整个吉利集团内部，也可以来自于其他外部组织。2010 年 11 月，吉利汽车与沃尔沃汽车共同成立了"沃尔沃—吉利对话与合作委员会"，在此交流合作机制下，双方逐步开展在汽车制造、零部件采购、新技术研发、人才培养等多个方面的交流，实现了信息的共享。

知识的存储。建设设计参考数据库，让各专业部门数据得以积累和共享。建立自己的设计参考数据库才能将这些数据最大化利用，使这些经验得以被分享和传承，并成为汽车研发的宝贵财富。研究院最开始于 2007 年建立了竞品数据库、材料数据库、案例共享库等，并历时 5 年时间，建立了包含汽车等 18 个专业领域的数据库系统。超过 10 万份技术资料。通过这些知识积累，目前研究院各部门结合具体设计课题，讲解、分析、消化相关案例，大大避免了出现同类的错误，少走设计弯路，保证了设计的正确性，提高了工作效率。编撰《吉利汽车技术手册》，积累沉淀吉利十多年研发宝贵经验和核心知识，内容包括综合管理、产品研发与项目管理、总布置设计、造型设计、动力总成综合设计、底盘设计、通用件、车身设计、内外饰设计、工程分析、NVH、安全系统、汽车材料、发动机设计与试验、变速器设计、电子电器设计、数据信息管理、试制试装、汽车试验、汽车工艺和产品工程等内容。涵盖了汽车开发领域的各种专业知识和相关法规、标准。通过《吉利汽车技术手册》的编撰，规范了工作方法和流程，高度总结了产品开发经验。

（三）知识运用与成果

创建"流水线式"产品开发流程，进行模块化组合设计，提高产品开发效率。汽车研发是一项涉及成千上万项的工作，且各环节有千丝万缕联系的复杂工程，是一个纵横交错的网状结构。在整个研发过程中，协调便成为极其复杂的工作，为了能够管理好这些庞大而复杂的工作，必须定义合理、清晰的产品研发流程，同时需要有高水平的项目管理和明确分工、责权定义。吉利汽车研究院"流水线式"研发管理体系应运而生。在矩阵式管理模式下，吉利特色研发方式是吉利在多年研发知识积累的基础上进行管理的创新，是整个研发团队智慧的结晶。

"流水线"式研发流程针对吉利汽车开发的车身、底盘等专业模块进行划分，是项目开发阶段及里程碑节点。其对各专业岗位所关注的工作，以及不同时间段内应提交的交付物等进行了明确定义，同时对每个交付物的工作步骤、工时、工期、过程配合、质量要求等也进行了详细定义。它将汽车研发内容按交付物分解为由若干小活动组成的任务流，把研发部门看成不同的工位，任务流从一个工位完成后转到下一个工位，形成一整条汽车研发的流水线，从而实现了高效和高质量的研发产品设计过程中的管控和输出。

开发出多个企业开发架构平台。CMA 架构是由沃尔沃和吉利联合开发的模块化架构，于 2017 年首款车型投放到市场，其投资规模约为 200 亿元人民币，为吉利汽车和沃尔沃汽车提供了下一代中级车模块化构架体系，并满足沃尔沃汽车和吉利汽车对未来紧凑型产品的多重需求，其在沃尔沃和吉利之间实现最大程度的平台共享，沃尔沃 XC40 以及全新 LYNK & CO 品牌旗下的产品都来自这个平台。CMA 架构"模块化"，如吉利与沃尔沃未来所有产品的车内空调系统将基于 CMA 模块化架构开发。这一模块通过在整体架构上替换部件，使未来车型搭载的空调组块就可以根据性能分五级变化。2018 年基于吉利自主研发 BMA 架构平台的首款试用车型吉利（品牌）下线，其适用的是 A0 到 A+的车型。2020 年基于吉利自主研发的 PMA 平台在吉利、领克和沃尔沃品牌中试用，纯电动架构适用 A0 到 D 级车型。

公司上市的车型如表 4-3 所示。

表 4-3 公司上市的车型

年份	上市的车型
1998	豪情
2000	美日系列、优利欧
2003	美人豹
2005	自由舰
2006	金刚
2007	远景
2008	熊猫
2010	帝豪、英伦
2012	全球鹰
2015	博瑞、帝豪 EV
2016	博越、帝豪 GL & GS

年份	上市的车型
2017	领克 01
2018	博瑞 GE、帝豪 GSe、缤瑞、缤越、领克 02、领克 03、宝腾 X70
2019	几何 A、嘉际、星越、博越 PRO、路特斯 Evija、领克 03+

构建全球研发创新网络，聚集、整合和配置全球人才资源，共享全球优秀企业的知识成果，促进吉利快速地吸收、学习新知识、新技术，增强了自主创新能力。建立全球研发网络，以"人才森林"、SEE 模式为核心，以研发中心为载体，增加了吉利汽车的创新知识储备和创新能力。

制定和实施知识产权保护战略，保护和促进企业自主创新。广泛申请，重点布局；完善体系，全程监控；转化利用，专注营运。健全信息安全管理体系，规避研发知识成果流失。为了确保研发知识成果得到有效保护，提高研究院知识管理的安全级别，研究院建立了信息安全管理体系（见图 4-1）。

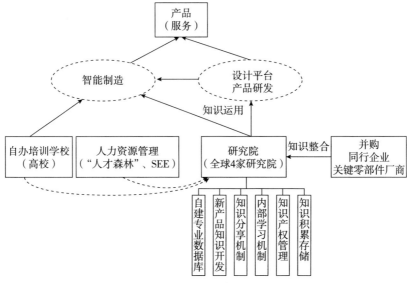

图 4-1　公司内部的知识管理

由四大设计中心设计出的第一款产品是吉利博瑞，其充满中国风的设计风格得到了众多消费者的认可，其第二款车型是吉利博越。未来吉利汽车将依托四大设计中心给消费者带来更多充满个性的新产品。目前，吉利无人驾驶车技术已达到 2.5 级水平，接下来吉利将依托此研发中心集成融合精密传感、高精地图、自动化导航等技术，将率先在宁波杭州湾新区试点无人驾驶。

四、供应商的知识管理

通过这些交流，研究院和供应商互相学习、互相了解，建立更加亲密的协作关系。更重要的是通过建立常态化的科技交流平台，让研究院学习到了世界各个顶级汽车供应商的优秀技术和开发知识，为研究院的产品开发提供了借鉴，从而大幅提升了开发效率和产品质量，形成了核心技术竞争力，有效支撑了吉利集团战略转型。

在与国外零部件供应商合作过程中，初期通过学习，掌握方法，如学习掌握了 EPS 系统、同步工程设计（工艺设计与结构设计同步进行）、汽车开发流程、造型设计等。对引进的核心技术进行消化吸收并改进，如吉利购买发动机中可变气门技术，根据中国的气候和环境进行重新设计，使用全铝制缸体，实现了国内首款全铝制发动机的成功研发。

吉利汽车拥有企业有众多的供应商，在本地和邻近的地区有很多供应商企业，形成供应商分包网络层级，整车企业和其当地供应商之间关系类似与"中心—卫星式"的集群。吉利汽车供应商 1000多家，路桥大概 600~700 家，核心供应商 100 家，其中 20~30 家是参股或全资子公司，门对门周边企业有：汽车线束、汽车座椅、汽车发动机、汽车供应商。"父子配套"在吉利已经不仅仅局限于有资本联系的子公司与集团之间，集群中与吉利没有任何资本关系，但却是伴随吉利一起成长起来的配套商，正在成为一种另类的"父子配套"关系——它们对吉利极其忠诚（江师松等，2011），往往以低于行业价格很多的价格为吉利供货。

吉利内部会定期对供应商的涵盖能力、质量、价格、交货期、售后表现、整改等事项进行考核。供应商分级管理是给予不同级别的供应商不同的研发支持、资金支持、管理培训等，对于"金牌供应商""战略供应商""A级供应商"这类优质供应商，与他们进行长期的战略合作，并通过产品研发，为供应商提供前期研发资金，且以高价购入供应商良品率较低的首批产品等方式支持优质供应商的研发创新。吉利采用的就是典型的供应商分级管理，其将供应商共分为四级：核心供应商、合格供应商、准供应商和潜在供应商。配套企业进入龙头企业的供应商体系需要经过申请、审核、改进、批准等流程，往往需要半年到三年时间。供应商晋级需要经过一段时间稳定供应、圆满地解决问题，方可申请更高层次的供应商。一旦成为吉利的核心供应商，在合作上可以利用吉利的大量优质资源。以吉利豪达线束厂为例，该厂位于台州市路桥区吉利汽车工业城内，主要经营汽车配件、汽车电器线束制造销售，现拥有11条作业流水线，11台全自动进口压接机，以及端子剖面分析仪等世界先进设备，设有原线挤出、下料、压接、分装、组装、电检六大线束生产工艺，年产汽车线束约50万套，吉利集团为其提供管理培训、技术支持和融资担保。吉利汽车派技术人员到线束厂讲课，指导研发团队改进工作，同时接收线束厂的技术工人到吉利培训。吉利还运用自身的关系帮助线束厂改进技术，同时通过参与股份、担保等为线束厂提供融资支持。企业董事长这样评价吉利的帮助——"像兄弟一样"。同时线束厂在吉利经济困难时，降低回款要求，承担部分费用，同舟共济共同发展。在技术方面，参与到吉利先进车型静品实验室，为吉利提供配件方面信息。

作为核心供应商，在与龙头企业更多密切合作的过程中，往往也分享着龙头企业所溢出的知识，为了保护这些知识资产不被竞争对手获取，分级管理过程中的保密协议通常是供应商管理考核的基础指标之一。分包企业进行转移配套时，需要进行大量的专有资产投资很难移作他用，包括设备、生产线、人员培训，如汽车的线束厂，每一个线束只对应一个车型，线束厂根据汽车厂对材质、长度、接口等参数要求，配置流水线和相应配线板。这次线束只能卖给对应的汽车厂，用于某一车型，对于其他车厂毫无用途。另外，龙头企业也会全部采购专一配套生产企业所生产的全部产品，免去了配套企业的销售顾虑。双方的互信，也使龙头企业可以放心地给配套企业资金和技术支持，包括融资担保、技术指导等。配套企业也可以为龙头企业提供某一方面的技术支持和提前备料。

五、案例小结

吉利汽车通过自主研发和兼并收购沃尔沃、变速箱厂商等，使企业具有大量自主知识产权的专利、标准、开发平台等重要知识资产。大型企业开始建立自己的培训机构，培训企业所需的人才，并与多个高校和研发机构进行合作，同时建立（多个）研究院来进行知识获取、人才培养、知识存储和商业化运用。在供应商管理方面，领先企业凭借自身强大的研发能力、资金能力、市场能力、品牌优势等，为配套企业提供技术支持、管理培训、融资担保、客户信息等，使配套企业能够获得相应的经济收益、持续的交易关系和技术资金支持。

参考文献

［1］提升自主品牌汽车研发能力的知识管理体系建设［EB/OL］.［2013 - 03 - 20］. http://gxt. jl. gov. cn/jlqlh/glcx/201303/t20130320_1431556. html.

［2］赵文锴. 李书福经营真经：李书福给管理者的 24 堂经营管

理课［M］. 北京：中国经济出版社，2011.

　　［3］魏江，刘洋. 李书福：守正出奇［M］. 北京：机械工业出版社，2020.

　　［4］除了汽车梦　李书福还有一个教育梦［EB/OL］.［2019-09-24］. http：//www. 21jingji. com/2019/9-24/3NMDE0MTBfMTUwOTM3Ng. html.

第五篇
跨界知识整合运用：以五芳斋为例

五芳斋是一家传统的食品制造企业，在粽子生产领域独树一帜，公司设立了研究院，进行产品和食材的研究，并提出改进方案。本篇着重说明其与迪士尼的跨界合作。在合作过程中，迪士尼对产品和供应商、社会责任等提出了高质量的合作标准，这些构成了合作的基础。五芳斋按照这些标准进行改进，使品牌"年轻化"，并提高了消费者体验。此案例试图探索参考合作企业的标准，进行产品的改进升级。

一、企业简介

浙江五芳斋实业股份有限公司创始于 1921 年，品牌寓意"五谷芳馨"。历经百年发展，五芳斋成为粽子行业的领导者，是嘉兴市的一张城市名片。2006 年五芳斋被商务部授予国家首批"中华老字号"称号。在 2016 年 12 月，中国品牌建设促进会等估值五芳斋品牌价值为 23 亿元。五芳斋以食品、餐饮、米业为核心产业，形成科研、生产、销售、服务等综合功能的集团化公司。2016 年公司销售产值为 30 亿元，其中粽子销售额占据半壁江山。五芳斋获得"2019年度快餐优秀品牌""2019 中国高成长连锁 50 强"荣誉称号。

五芳斋发展大事记如表 5-1 所示。

表 5-1   五芳斋发展大事记

年份	大事记
1921	兰溪籍商人张锦泉在当时嘉兴的张家弄口开设了"荣记五芳斋"粽子店
1956	成立公私合营五芳斋粽子店,三家"五芳斋"终合并成为一家
1985	进行了大规模改造,店面风格和工艺设备发生重大变革,成为江南名店
1992	嘉兴五芳斋粽子公司成立,当年被国家贸易部评为"中华老字号"
1998	浙江五芳斋实业股份有限公司经改制后成立,建立起现代化企业制度
2004	五芳斋荣获"中国驰名商标",同年底,五芳斋集团成立
2008	成都五芳斋食品产业园竣工,是西南地区规模最大的粽子专业生产基地
2010	五芳斋集团上海总部设立
2013	五芳斋成为日本炊饭协会首家中国会员
2014	五芳斋中式快餐连锁店进驻浙江高速服务区
2016	五芳斋携手迪士尼,推动了老字号品牌走向年轻化、时尚化
2018	推进"轻、快、互联网化"战略,转型升级步入新阶段
2019	启动"糯+战略",发挥品牌力量和全渠道整合优势

  五芳斋创始人编纂的《粽技要秘》中这样记载:"嘉兴乃鱼米之乡,糯米品种有扫帚糯、鸡粳糯、虎皮糯、羊脂糯、望海糯等,均为上好糯,故吾采用本地之糯入粽,不再另谋。"五芳斋坚持成为中华传统美食的守味者,坚持生产出安全美味的食品,坚持达到生产工艺和管理流程上的标准化,坚持从原料到成品每一步的严格监控,制粽的技艺更是五芳斋继承和弘扬的根本,正是这一道道环节的高要求,公司已通过了 QS 认证、19001 认证、22000 认证、24001 认证、28001 认证以及 4111 认证等。品质上的不放松不认输,以匠心做美好事物的态度赢得了消费者的信赖。

  五芳斋遵从"和商"的经营理念,这一理念是企业处理内外部关系时恪守的原则。企业文化追求员工之间情同手足,弘扬和衷共济,团结一致的正气;公司主动承担企业的社会责任,率先制定粽子行业的国家标准和规范,这些规范促进了整个行业的健康发展。积极协助同行小企业的成长,给予技术和管理方面的指导。公司采取品牌溢价策略，为行业其他企业提供一个良性的发展空间。

二、食品研究及生产

五芳斋食品研究所自 2003 年成立以来，为百年老字号谱写了自主创新的新篇章。其曾在 2006 年被评为省级企业技术中心，并先后获得了"浙江省产学研示范企业""嘉兴市企业技术创新团队"等荣誉称号。经过多年的努力和发展，目前有专职工作人员 54 人，大学本科和中高级职称人数 40 人，研究生学历及以上 10 名，专业范围以食品科学与工程为主，涵盖生物工程、机械设计、分析化学等。研究所内设产品开发中心、工艺研究中心、基础研究中心、检验中心、标准化管理中心五个二级技术中心，目前主要负责开展公司的新产品研发、工艺技术改进、标准化管理（主要包括专利申请与管理、项目申报、产品标签审核等）以及产品质量安全检验等方面工作。

食品研究所具备优越的基础条件以及较完善的配套设施，这些为开展产品研发、技术改进、基础研究、原辅料检验提供了良好平台。为丰富公司产品的种类，食品研究所每年定期推出各类新品，且销售额均保持 10% 以上的增长；根据企业发展需要，提出工艺改进或技术改造项目，在提高产品质量、节能降耗等方面发挥了积极作用。五芳斋粽子之所以散发着诱人的清香，离不开箬叶与生俱来的一种挥发性的植物香料。为了寻找优质的箬叶资源，五芳斋派专业人员考察箬叶主要生产地的环境，最终将"天然氧吧"的江西靖安及周边地区作为专用箬叶的采摘和加工基地，以满足年产 3 亿多只粽子的高品质高产量的生产需求。

在产品开发方面，主要是对主打产品粽子、中式快餐连锁产品、季节性产品及米制食品的开发，每年新品销售额均保持 10% 以上的增长。近年来开发的粽子新品 30 余种，其中经典产品如腌笃鲜肉粽、绿茶莲蓉粽、儿童营养粽、紫糯莲蓉粽、香橙粽，以其出众的口味及绿色健康的产品理念，广受不同年龄层次的消费者好评。众多新品礼盒的开发以及高端礼盒的开发，也让百年老字号焕发出年轻活力的光彩，为消费者呈现的是我们积极向上开拓创新的风貌。中式快餐连锁产品也是新品开发的重点，在近30个新品品项中，传统烩饭类成为公司连锁门店的拳头产品。

公司领导非常重视产学研合作及外部交流，目前已与浙江工商大学、江南大学、南昌大学等在食品界拥有强大科研实力的高校建立了长期稳定的合作关系，并聘请日本米饭行业协会会长作为技术中心常年顾问，定期进行指导，通过以上多种形式的合作，使研究所在食品基础理论研究及前沿技术方面获得优势，并在产品开发、工艺研究与改进等方面取得了突破性进展。

从2004年1月起，五芳斋公司与一家设备生产厂合作，经过近2年的努力，自主研发了粽子企业都广泛适用的粽叶清洗流水线，并且配套研制了粽叶清洗流水线的水循环技术。2006年底，经过一年多的努力，由五芳斋自主研制的润米拌米生产线调试成功，正式投入运行。2010年初，公司和江南大学合作开发的豆沙清洁化生产工艺改造项目完成；公司自主研发的粽子热循环烧煮技术及粽子蒸煮自动化集散控制系统使粽子在大批量生产时的夹生和过烂问题得到了很好的解决。2013年公司与生产商合作开发的粽子冷却、计数、金探三合一流水线正式投入使用。目前，从洗粽叶、润米拌米、馅料工艺，到蒸煮、冷却、计数、金探、真空包装、真空灭菌整条流水线一气呵成。粽子生产线上已奏起了机械化生产取代传统手工的创新之曲，正悄然影响着公司的未来。

作为中国粽子行业协会的会长单位，以及以生产粽子产品为主的中华老字号企业，在推动行业技术进步、传承发展粽子文化方面，其食品研究所一直不遗余力：先后独家起草了《粽子》行业标准和《粽子》国家标准，其中《粽子》行业标准已于2004年颁布，2005年开始实施，使流传千年的传统食品粽子也有了科学的标准，为规范产品、促进业内企业技术进步、引导行业良性发展起到了重要的作用。原中国食品工业协会会长王文哲表示，粽子行业标准填补了国内点心食品无行业标准的空白，提高了行业门槛。研究所专门成立了标准化管理组，指定专人负责开展专利的申请和保护工作，同时还邀请法务部积极给予配合。目前公司共申请国家专利超过60项，有效专利超过50项，其中发明专利4项，实用新型专利5项，其他为外观设计。

21世纪初，由于嘉兴糯稻的产量和品质达不到五芳斋制粽的要求，公司便带着亿元的投资来到了东北，历经多年艰苦探索，构建起完整的大米全产业链管控模式。从种子到筷子，最大程度保障了每一粒大米的安全健康。

五芳斋实施"蚁人计划"，每个月都会进行项目评比，涵盖范围有内部创业类、产品创新类、管理创新类、工艺流程改善类、成本降低类等，可创造价值从几千元到百万元以上，2016年5~6月，入围项目共计16件。企业为这些项目颁发奖项和奖金，将好的项目公示在企业文化栏来鼓励员工不断创新。当企业形成一个良好的创新环境，对外界自然而然会呈现出新的面貌。

三、市场分析与营销战略

五芳斋有两个战略愿景：一是打造米制品的领导品牌；二是打造中式快餐连锁的著名品牌，即产品多元化发展，从一个粽子产品经营逐步走向"粽子+美食"的格局。为此，公司商业运营模式率先导入了区域经理负责制，逐步向"小前端大平台"战略转型。作为转型的支撑性重要策略之一，五芳斋必须从传统品牌向年轻化品牌过渡拓展。

在米制品行业，五芳斋品牌竞争力显著优于思念、真真老老和三全，与稻香村和杏花楼表现相近，五芳斋在销量和品牌竞争力方面均是行业龙头。在快餐行业，五芳斋品牌还在逐步渗透，需要进一步发挥品牌价值。为了实现品牌延伸的目标，五芳斋迫切需要为固有的品牌形象注入一些全新的元素，给品牌带来新的空间和生机。

从消费者层面分析，"90后"甚至"00后"的年轻人已经成为时代的消费主体。通过市场调查分析，他们个性自我，不走寻常路，"倒逼"传统企业品牌营销战略的变革，如市场细分化、经销模式多元化、品牌定位年轻化等。五芳斋品牌当前显得单调且缺乏活力。40~60岁年长的消费者能够第一时间联想到五芳斋粽子，而40岁以下的年轻消费者仅把粽子视作端午节的一种仪式，在日常生活中没有重复购买的习惯。他们在消费时要求购买便利、产品高颜值。显然，传统的粽子包装外形和宣传方式，使五芳斋与年轻消费者缺少共鸣。公司通过第三方的调查发现五芳斋在年轻消费群体中呈现的是一个"中年人"品牌形象，主要的品牌联想词为：老字号、粽子、有文化、江南的味道。如果持续如此，凭独特的"老字号+口味"，难以吸引年轻消费群体，更奢谈建立忠实的粉丝基础。

五芳斋高层意识到传统的百年老字号应不断超越自我，并积极推动技术创新、商业模式变革和品牌年轻化，朝着"轻、快、互联网化"方向加快转型升级。要能吸引年轻消费群体的注意力，公司必须在百年匠心文化中融入一些让年轻人感觉好玩的时尚元素，从而激发年轻人群体对五芳斋传统品牌的全新认知和情感认同。因此，在推出粽子新品种常规做法之外，公司高层依然决定与迪士尼的跨界合作，这个创意及其后续的一系列动作足以让年轻群体眼前一亮，"活化"了五芳斋品牌的形象。

四、努力跨界知识整合

（一）品牌理念融合

五芳斋希望通过品牌联合将"年轻、欢快、好玩"的元素融入到五芳斋品牌之中，起到激活品牌的效果。上海迪士尼度假区于2016年6月开园，迪士尼开园后可以带来旺盛的人气吸引了五芳斋公司高层。自2009年以来，迪士尼开始采用本土化策略，根据不同国家消费者的需求和喜好，因地制宜地推出合适的产品。中国被迪士尼定位为极具发展潜力的四个地区之一，迪士尼面临的困难之一是中国人对迪士尼产品的了解程度还不够深入，对迪士尼没有感情基础。迪士尼做了很多本土化的改进，如公司Logo改为中国印章，希望借助中国品牌，用心娱乐。当然，中国作为一个美食大国，其相关美食产业自然也引起迪士尼公司的关注。

董事长厉建平曾说："五芳斋用心制作美味，迪士尼用心创造快乐，这两个老字号在品牌价值观上有着共通点。"五芳斋作为粽子业的领头品牌，作为一个百年沉淀且又具有锐意创新意识的老品牌，多年来一直秉承着"用心制造美味"的愿景，而迪士尼是一个"用心制造欢乐"的老品牌，两个老字号在品牌价值上具有共通点。

粽子的重要消费时刻是端午节。在快节奏的生活方式里，节日视为家庭团聚的日子，因而节日文化得到了重视。家人围着吃粽子，传递出一种家庭和谐和美的消费场景。迪士尼的宗旨也在于弘扬家庭和睦的价值观，如米老鼠的形象不仅是公司的标志，也是公认的有益身心的家庭娱乐象征；迪士尼主题公园亲子和美场景，创造出美好纯净的家庭娱乐氛围。

经过双方多轮协商，2016年3月28日五芳斋与迪士尼达成战略合作伙伴关系，合作期为两年，约定的有关联合品牌粽子产品销售产值2个亿。迪士尼中国区消费品部副总裁王沁将此次合作解读为"国际经典与中国传统的融合"。关于合作方案，迪士尼给出一系列严格的授权使用规定，如卖场推广费用不少于一定比例；迪士尼标志必需印制在包装正面；当出现中英文理解不一致时候，以英文为准等。正如公司品牌总监徐炜所说："要求可谓苛刻，条款极其细致。"

（二）遵循国际标准

五芳斋与迪士尼达成合作之后，首先面临的难题是如何获得通过迪士尼公司的资格审查。从国内已有多家企业与迪士尼的经验来看，想要获得迪士尼的授权并不是一件容易的事情，尤其是食品生产企业。除了生产厂家要有 HACCP 国际食品安全体系认证外，迪士尼公司还建立《全球劳动标准计划》（简称"ILS 计划"），以帮助所有生产其品牌产品的工厂营造安全、包容和互敬互助的工作场所。ILS 计划要求授权商和供应商在安全、社会责任、人权等方面达到迪士尼公司的统一要求。迪士尼公司委托第三方依据 ILS 计划对五芳斋进行严格的达标审查，这对于五芳斋老字号来讲是首次碰到，因而使企业整个供应链管理水平在努力冲击全球化的高标准要求。

首先，五芳斋生产流程的人性化关爱问题。迪士尼具有强烈的人道主义，他们特别关注员工的工作环境和工作状况，这对于传统的劳动密集型企业来说无疑是一个难关。五芳斋在原料预处理、蒸煮、包装等大部分生产环节早已实现机械化生产，而作为国家级非物质文化遗产"五芳斋粽子制作技艺"的核心工序——裹粽，仍然必须由手工完成。在裹粽生产车间，数百名工人需要站立操作，尤其是在端午旺季时劳动强度相当大。为了符合"以人为本"的精神，五芳斋做了相关流程的调整，妥善地安排好员工的日常作息，注重员工的健康，让他们在相对轻松的工作环境下包裹好每一个粽子。

其次，五芳斋供应商的达标问题。要成为迪士尼的授权合作伙伴，除了五芳斋本身需要符合规则，还涉及原料、辅料、包装材料的供应商也必须同时符合要求。相比国际标准而言，国内的大多数企业对于员工的关怀程度远不及国外的企业，而部分小型供应商企业更是欠缺员工关怀的意识。为此，五芳斋采取两个措施：一是适时地淘汰了部分不合格的供应商，二是要求现有供应商进行整改，直到满足迪士尼的标准。

五芳斋通过两个月的艰苦努力，最终取得迪士尼的资格认证。受此影响和启发，公司把粽子生产分为标准化和个性化两类，以满足"非遗"传承与市场竞争两方面要求和平衡。公司开出1000万元全国公开招标，开发裹粽机器人，来降低员工的劳动强度和生产成本。按照迪士尼健康产品的标准，完成认证。迪士尼要求所有产品都必须送到美国进行严格检测。由于五芳斋一贯严格原材料的供应链管理，所有粽子产品都通过迪士尼的认证，还被认定为健康食品，这奠定了双方合作的基础。

取得迪士尼授权后，裂变的畅想曲开启了五芳斋品牌"互联网+"创新之路，五芳斋的新品口味和包装创意变得愈加多样化、富有年轻气质，新的运营策略也不断地涌现，如五芳斋新近发掘出粽子消费痛点，大胆突破生产工艺和食用方式，消费者可以"私定粽身"，通过手机定制个人口味的粽子。

五芳斋与迪士尼的合作，仅仅获得迪士尼相关动漫形象的"肖像权"以吸引动漫铁粉。根据近一年的销售数据来看，消费者大部分是冲着迪士尼的品牌包装而去的。深刻认识到IP的超级威力之后，五芳斋高层言谈间憧憬着IP的王者世界，希望通过打造专属IP来接过品牌活化的战略意图。

（三）新形象新产品

2016年3月，五芳斋跨界携手迪士尼，立足中华美食，倾心设计粽子系列，炫酷的产品包装涵盖了迪士尼经典卡通角色和电影道具造型。中西合璧的创新手法，国际化的娱乐传播理念，签约仪式的欢乐盛况，一经推出吸引各方的高度关注。端午档《美国队长》带来的强档期效应，更是将两品牌的联合气氛推向一个高潮。借此合作之际，五芳斋演绎出包括新品开发、路演、KOL、H5互动游戏等一系列新媒体传播和品牌运营活动。2017年双方合作进入第二个阶段，2017年3月迪士尼影片公司出品的奇幻片《美女与野兽》开播，5 月份又逢《星球大战》40 周年全球庆典活动，五芳斋公司该如何借势开展品牌营销，才能达到更好的品牌宣传效果？

2016 年 3 月 29 日，2016 年五芳斋新品（迪士尼系列、漫威系列）发布会暨全国合作商大会在嘉兴龙之梦大酒店隆重举行。在线上、线下将同步推出的八款礼盒产品及两大真空系列产品，覆盖了小于 40 岁各个年龄段的兴趣和爱好，公司布局细致，产品分别指向目标的年轻消费群体。在产品定价上，纸盒包装的漫威系列切合学生群体消费能力——64～99 元的礼盒内装八个不同创新口味的粽子；迪士尼系列礼盒价格也走亲民路线，净重量 1120 克的铁盒装售价为 129 元。除此之外，还开发出五芳斋迷你儿童粽子，它专门为儿童量身打造，采用迪士尼米老鼠的外观包装，设计成迷你可爱的小粽子，每袋包装为真空白玉香糯粽 50 克×4 个，定价在 10 元。

针对漫威漫画粉丝，五芳斋推出了美国队长和钢铁侠两款铁盒礼盒，两款礼盒拼在一起可组成《美国队长 3》经典海报，礼盒内部装有印着冬兵、鹰眼、黑寡妇和美国队长的四个分装袋。这两款礼盒的粽子包括蛋黄鲜肉粽、红烧排骨粽、紫糯栗子粽和润香豆沙粽四种口味，每种口味三个，净重量 1200 克，售价为 199 元。另外，限量 1500 件的五芳英雄纪念版，其中包含一块美国队长盾牌，盾牌背后装了手绳，完全仿真的结构和手感，吃完一盒粽子还可以收获美队同款神器！售价 299 元，上市三天内就售罄了。

2017 年，五芳斋吸取去年品牌联合运营经验，配合迪士尼公主系列电影，推出了适合女性消费的粽子新品系列，以迎合女性市场颇为流行的素食主义，即除从关注包装创新设计以外，五芳斋借机推出创新口味，即原材料改良的新品种。根据女性追求美丽容颜的特点，充分考虑现代营养学健康膳食"低脂肪、低盐、低糖、高蛋白质"的特性，研发人员用心开发了一系列以花果及低油脂低卡路里食物为原材料的美容养颜粽，如"玫瑰豆沙粽""紫薯栗子粽"等，充分考虑了美颜功效和时尚追求消费痛点，实现了"色、香、味"与养颜融合为一体的创新。公主系列设计成精美收纳盒，星战系列设计成机器人造型储物罐，提高包装在消费者生活中的出现概率，增加与消费者的接触频次，从而提升消费者对五芳斋品牌的熟悉感。

公司在市场推广费分配上做了重大调整，将 70% 预算用于新媒体传播，如 APP、微信、微博和大号等。在迪士尼授权项目上的市场推广费共投入了近 2000 万元，而且利用大数据做到精准营销。选择的对象为泛年轻化群体，公司赋予他们的特征为愿意尝试一些新的东西，能适应时代潮流和对传播热点感兴趣者，而不局限于年龄的唯一区分。KOL 的粉丝黏性很强，价值观各方面都很认同 KOL。五芳斋通过邀请电影圈的"大 V""电影美剧圈"、娱乐圈的"大 V""电影料"，漫威圈的"大 V""神盾特工吧"与美食圈的"大 V""好煮艺"等具有影响力的 89 位意见领袖们（每一位意见领袖在其各自的领域都享有很高的声望）将目标群体引导向五芳斋。五芳斋还为一大口美食榜 100 位美食达人、财视传媒 100 位 CEO 和 30 位导演、演员特别制作了腰封粽。无论是受邀方还是受赠方，意见领袖被五芳斋粽子的精美包装和独特味道所吸引，纷纷在各自社交平台上点赞五芳斋，使五芳斋获得超过 1 个亿的曝光度。

五芳斋结合《美国队长 3》电影剧情，借助美国队长和钢铁侠的对战情节所引发的不同支持阵营，特别创办了"英雄 PK"支持赛。自"英雄 PK"的 H5 游戏上线以来，五芳斋顾客只需在手机屏幕拨动手指，在规定的时限内接尽可能多的粽子来给自己支持的阵营添加力量，就能获得红包。H5 游戏让剧情和游戏形成良好的互动，传达电影角色在消费者丰富的内心情感诉求，弥补消费者不能在电影中与自己的偶像并肩作战的遗憾，消费者可以在虚拟的游戏场景中为所支持的英雄出力。事后统计，线上总的点击率为 100 多万，自然 IP 流量达 30 多万。

电影宣传、微博宣传与游戏相结合，发掘出了漫威迷们的讨论热点。在漫威迷活跃期，五芳斋配合微博上的互动，深扒漫威迷群体的特点。在《美国队长 3》的讨论热度升级后，五芳斋将剧情与生活热点相结合，引发目标顾客的讨论。以资深吃货的形象主推产品，使五芳斋品牌得到高曝光率，即超 1000 万人次的阅读量和0.63%的分享率。

五芳斋利用迪士尼《疯狂动物城》的余温未散之时，在市区商业中心内搭建卡通版的"疯狂粽子城"。这是相对于低龄群体，营造亲子活动。粽子城里有涂鸦区、游戏区、表演区和互动合影区，粽艺师傅会在这些地方传授参与活动的家长和孩子如何包出一个有形的粽子，实实在在地让顾客体验到一个"疯狂"的端午节，消费者在参与中体会到五芳斋的精神，发现传统技艺的另类玩法，从而真切地体会到五芳斋品牌给他们带去的年轻童趣。

五、激活产品品牌

2017 年，五芳斋一直作为传统味道守卫者的形象出现，留给消费者的印象如一位中年人，稳重略为沉闷。通过与主打欢乐的迪士尼合作，在融合快乐与美味的前提下，一系列大胆炫酷的包装设计和新品开发，辅之以数字化营销和社交媒体的营销推广等全方位影响下，更为时尚与灵动的气韵渲染了五芳斋品牌，人们惊诧间感受与体会到来自于五芳斋内在的一股自我突破的诉求。在与迪士尼联合后，五芳斋品牌个性中增添了快乐活力元素。2016 年底，通过第三方的调查，消费者心中的五芳斋"中年"形象已经在不经意间悄然重塑，跃之而出的是一位比较时髦的、敢于创新的中年大叔。

在与迪士尼合作的一年来，五芳斋高层逐渐意识到品牌活化内涵是个系统工程，不能止步于产品口味创新，也不能纯粹依赖传播塑造途径。品牌活化的内动力源自企业内部的思维和思想上的年轻化。随之，五芳斋高层在企业内部推行一系列变革举措。

品牌年轻化需要企业内部外部同时做出努力，思想的年轻化促成行为年轻化，行为的年轻化反过来让思想年轻化更深入，更彻底。当思维和模式不断年轻，品牌活力就可以得到不断的提升。

六、案例小结

传统的食品制造企业，在粽子生产领域独树一帜。近年来，公司设立了食品研究机构，进行产品和食材的研究，并提出改进方案。此案例着重说明与迪士尼的跨界合作。在合作过程中，迪士尼对产品和供应商、社会责任等提出了高质量的合作标准，这些构成了合作的基础。企业按照这些标准进行改进，使品牌"年轻化"，提高消费者体验。此案例试图探索参考合作企业的标准，进行产品的改进升级。

第六篇

线上线下整合知识管理：以慕尚集团为例

慕尚集团是一家男装制衣公司，其成立之初重视设计师和线上业务。在服务设计方面，其主要通过企业自有设计的学习和培养，参考国际流行时尚元素，结合中国男装市场特点，设计出具有品牌个性的特征服装。公司整合线上线下优势，利用线下获取客户反馈，在提高体验的同时，获取市场信息改善服装设计；再利用线上的反馈，走向智慧实体店。此案例着重线上线下的知识融合，改进设计和提高顾客体验。

一、慕尚公司简介

慕尚集团是一家专注于中国时尚男装市场的公司，同时涵盖运动服市场和其他时尚领域。目前其有两大品牌类别，GXG 系列包含 GXG、gxg jeans 和 gxg. kids 以及运动服，Yatlas 和 2XU。慕尚企业文化：以"爱为尚"，有爱（Loving）、年轻（Young）、创新（Innovative）、信任（Trust）、活力（Dynamic）。

慕尚集团采用一体化的全渠道商业模式，利用线上线下优势，为顾客提供无缝和一致的购物体验，提升库存管理、供应链管理、产品选择及物流方面的效率。在新零售整合方面，慕尚集团优于行业其他品牌，成为众多品牌中的领导者。慕尚集团于 2007 年成立，集团旗下经营 GXG（核心品牌）、gxg jeans、gxg. kids、Yatlas 以及 2XU 五个品牌。创立时，GXG 团队平均年龄不到 30 岁，总经理余勇也仅 29 岁，团队成员大多数来自门店基层营业员，在管理人员上基本依靠内部培养。

慕尚公司发展大事记如表 6-1 所示。

表 6-1　慕尚公司发展大事记

年份	大事记
2007	3 月 GXG 男装运营团队成立，8 月 GXG 男装首家店铺开张。2007 年底，已有 6 家店铺，零售额突破 283 万元
2008	在国内拥有 88 家店铺，零售额达到 0.96 亿元
2009	在国内拥有 249 家店铺，零售额突破 3.66 亿元
2010	与奔驰 SMART 潮车跨界合作，推出"为爱点亮一座城"计划； 8 月 GXG 官方旗舰店开业，10 月 gxg jeans 旗舰店开业； "双 11"销售额超 1000 万元； 拥有 487 家店铺，零售额突破 9.38 亿元
2011	"双 11"销售额 4600 万元位居全网第一； 拥有 747 家店铺，零售额突破 16.95 亿元
2012	8 月 gxg.kids 旗舰店开业； "双 11"当天集团品牌销售过亿； 拥有 901 家店铺，零售额突破 18.18 亿元
2013	签约韩国艺人作为品牌形象大使； 拥有 972 家店铺，零售额突破 19.89 亿元
2014	与万达集团百店同庆 O2O 互动； 年底拥有 1111 家店铺，零售额突破 28.13 亿元
2015	1 月 Yatlas 旗舰店开业； 品牌微会员启动并实现 O2O 互通，开启全国"云仓"实现在全国范围内货品直调系统； 与《老炮儿》电影主创人员进行视频与封面合作；并与全国 28 个城市 300 家院线广告合作； 年底中国区已拥有 1112 家店铺，零售额突破 28.34 亿元

续表

年份	大事记
2016	销售总业绩突破 80 亿元；电商重回巅峰，GXG 品牌"双 11"破 2.74 亿元荣膺天猫男装 NO.1；GXG"双 11"整合营销《G 时行乐》荣获金麦奖男装类"金奖"； gxg jeans/gxg. kids 携手 KRUNK 熊推出联名合作系列，实力演绎"潮，由我定义"
2017	线上及线下业绩突破 105 亿元，年度复合增长超过 60%； "双 11"再创新高，GXG 单品牌破 3.5 亿元荣膺"双 11"天猫时尚男装 NO.1； 澳门金沙城 GXG 门店、澳门威尼斯人 Yatlas 门店两大新店首开； 携手《速度与激情 8》推出 AR 黑科技联名系列，打造"一件可以看电影的 T"，用纽约城市系列、纯白逆时空系列演绎 3D 时尚； 与"街头艺术教父"Ronenglish 携手推出联名合作系列，用产品艺术诠释时尚年轻主义
2018	pepsi × gxg jeans 联名系列正式上线。该系列以百事标志性的红、白、蓝三种颜色以及百事相关的图形元素为灵感，结合时下热衷的单品廓形，搭配活力十足的色调，呈现新一季的流行趋势，以全新的姿态表达了活在当下的生活态度与积极进取的个性主张
2019	5 月慕尚集团正式登陆港交所，股票代码 1817. HK； 冬季 GXG 男装在品牌"中国×（中国联乘）"的全新理念下，以 # IT'S MY GAME #为主题，与俄罗斯方块 TETRIS™进行联名合作，尝试让数字化浪潮下成长的青年一代在生活中尊重规则，却又能在平凡的生活中创造无限的快乐，永远保持独立个性，回归最真实的自我

资料来源：根据公司网站资料（http：//www.gxggroup.com/cms/column/index/id/13.html）整理而得。

GXG 采用法国设计公司中的 GXG 作为品牌名，后来推出大小 G 双品牌。与没有从零起步创造、没有认知资源的新品牌相比，法国品牌在服装行业具有品牌认知优势，节省了大量的广告宣传时间和费用成本，且使品牌可以迅速地进入市场。在品牌宣传方面，服装界常规的做法是模特秀，而 GXG 采用音乐会的形式，与林志颖等明星合作，投入巨额的宣传费用，采用各种促销组合和一体化的整合营销，符合年轻消费者的定位。

在慕尚集团创立初期，国内的服饰行业竞争已经非常激烈，据《中国男装行业产销需求与投资预测分析报告》数据显示，在 2016~2020 年的预测期间，预计中国男装市场将保持复合年增长率 13.1% 的稳定增长。国内男装品牌占据 80% 以上份额，国外品牌约 20%，近十年也是中国电商市场蓬勃发展的时期。据灼识咨询数据显示，慕尚集团 2018 年在中国时尚男装市场的份额约为 3.3%，在全国排名第二，线上渗透率达 36%，为全国最高。截至 2018 年底，慕尚集团在全国共拥有 2250 个零售点，其中包括 720 家自营店、532 家合伙店以及 998 家经销店，并入驻了天猫、微信小程序和唯品会等第三方电商平台。截至 2019 年初，GXG 在全国已有 93 家智能门店，其中有 30 家门店接入天眼，成为与阿里巴巴首批合作的门店。另外，有 11 家门店也实现了客流与商品的数字化。

慕尚集团从最初的 O2O，到全渠道布局，再到如今的在港上市，GXG 能在国内男装同质化程度较高，且竞争越发激烈的市场上脱颖而出，一方面是国内男装市场井喷式发展，在"新零售"和天猫平台的数据支持下，精准的产品和品牌定位；另一方面是基于全产业链的数据支持和较高的运营商业效率。

二、设计师团队及产品设计流程

（一）设计师团队建设

培养集团内部研发设计团队。慕尚集团还特别组建了一支线上产品设计团队，旨在打造一系列更契合电商消费者喜好的独家产品。共有 109 名设计师，为更好地抢占线上市场红利做好准备。为了尽可能地保持各品牌间的独立性，慕尚集团旗下各个品牌分别拥有自己的设计。在每一季，集团都会根据市场趋势和消费者反馈为设计团队提供方向。通过服装行业内惯用的营销方式深化品牌形象，除与国内优质面料提供商、跨行业品牌等联名合作外，GXG 还将在生产和设计部放置两块大屏，实时播放消费者们对于产品的反馈，从而进一步来提升品牌的产品力和设计能力。

设计及研发团队包括各品牌的 113 名设计师，其为各个自有品牌聘用专责的产品设计及研发团队，用以打造独一无二的品牌形象，确保每个品牌风格迥异、独树一帜。慕尚集团亦组建了一支专责线上设计团队，打造一系列线上独家产品，从整体上更切合线上顾客的喜好。而且，设计团队不仅负责产品的造型及设计，亦负责与采购团队一同开发及物色所用的面料。

构建完善的学习和成长机制。公司的设计师均保持年轻的心态，且关注时尚的流行趋势、设计要素和色彩，如 Yatlas 的设计团队共有 9 人，Yatlas 的主设计师是一位"95 后"男生，大学时期便在集团实习，由产品总监一路培养提拔，如今负责 Yatlas 高端轻休系列的主设计。公司设计师团队基于收集到的信息（市场反馈、天猫平台的数据分析、流行趋势的预判），提前进行设计和调配生产，为"双 11"等大型促销活动准备。而且，公司还会进行项目预案竞赛，每年通过 3~5 个新的赛马预算投入，让一些品牌和一些小的团队进行尝试，无论是线上还是线下，均分析这些项目的商业模型和盈利能力。

与其他设计师（工作室）进行合作。与著名艺术家进行合作，设计师将作品进行了重新设计，并将艺术的诗性清新与生活的时尚趣味深度结合，呈现出令人眼前一亮的视觉体验。2019 年 GXG 推出设计师联名新系列，提升了羽绒服的档次，并且利用全球网络红人和时尚博主设计师个人品牌进行营销宣传。GXG 男装在 2019 年第 96 届 Pitti Uomo 男装展上亮相，并推出了与日本"现象级玩偶 IP"BE@RBRICK 合作的 GXG x BE@RBRICK 限定系列，设计以"好奇"与"惊喜"为关键词，红、绿、蓝、黑、白等撞色搭配让整体服饰极具张力，几何感的色块构造配合白色粉笔勾勒的线条，充满了趣味。

（二）产品设计流程

市场分析：设计师通过参加各种国内及国际贸易展览，了解最新的流行趋势；通过分析过去的销售表现、消费者调查、零售渠道人员对消费者偏好的反馈、竞争对手的设计、与时尚相关的网站及杂志、市场状况以及竞争格局，创造整体设计理念。

制定概念及产品规划：在进行市场研究后，设计师将研究成果应用于制定特定年度主题的概念。设计团队会参加原材料展会并收集主题元素，而生产采购团队则会收集主题所需的潜在原材料的信息。设计团队与产品规划团队紧密合作，分析所收集的信息，并制定本季度的建议书，其中包括产品推出时间、产品组合及目标价格范围。

设计、内部挑选及审批：设计师从概念化的主题中采用若干特征，如颜色或装饰细节，并将其应用于产品的最终设计。每年会就每个品牌挑选多个设计风格样本，并送交生产以准备初步市场发布，最终会在其中挑选一部分在销售季节中大量生产。透过线下零售人员进行初步筹集工作，收集新产品反馈，并在线上预售某些新产品以测试市场接受程度。

订货会：通常每季都会举办订货会，用以介绍的新产品。一般而言，订货会为期 3~4 天。由于经销商通常会在订货会上下达订单，因而订货会的结果会直接影响到下一季的销售。在每次订货会后，收集数据用以分析产品的受欢迎程度，并确定哪些产品应大力推销，安排生产大量有关产品。而且，设计师会参加订货会，并收集设计的第一手反馈。

三、线上线下融合

（一）信息获取与数据分析

企业会收集多元化的数据。①顾客行为数据：客户购物偏好及频率。通过顾客向线下销售人员和在线社交平台提供的反馈以及VIP会员计划收集顾客行为数据。②产品数据：已售产品占整体库存中的库存单位比率及试穿率。③区域数据：天气及消费者购买力。④库存数据：通过与其他主要在线平台合作，收集跨类别购物数据及社会属性数据，以便更深入地了解顾客和市场。企业创建应用程序获取操作系统、应用程序或其他服务的功能或数据，以及连接不同系统的数据表技术。因此，可以在前台系统及后台系统共享以及进一步利用收集所得的数据。

数据分析，企业资源规划系统是大数据分析系统的基础，多个支持系统亦已全面实施，包括顾客关系管理系统、仓库管理系统、云端库存共享及分配系统、产品生命周期管理系统、射频识别及智能管理系统、供应链管理系统以及其他系统。例如，经过多年的经验与开发，客户关系管理系统现已与企业资源规划系统整合。客户关系管理系统可实时从企业资源规划系统提取产品数据，与顾客行为数据进行配对，并根据年龄、性别、地区、购买力、偏好及购物频率，对顾客进行分类。射频识别及智能管理系统亦将记录产品移动数据，如试穿率，并将有关数据与企业资源规划系统中的顾客购买记录相结合，从而进一步进行数据分析。

（二）数据支持的运营管理

根据企业资源规划系统内储存的过往产品销售及库存数据，建立了自己的预测模型，以开发有关产品生命周期管理的分析系统。公司购置了专业大数据分析软件及产品，如 Apache Hive、Sqoop、Tableau 等，用以支持大数据收集、储存及计算。

大数据分析能力可以支持产品设计及展示、营销计划以及库存及供应链的管理。运用数据分析顾客的偏好及消费模式，有助于为顾客提供更好的服务以及对产品设计及营销策略进行微调。

（1）在产品设计方面。根据大数据分析，可通过搜集大量数据，包括线下门店流量、产品受欢迎程度、顾客的购物金额、频率、时间和地点、会员信息及顾客反馈，分析顾客购买行为与地理及人口分布之间的关联。设计团队收集该等顾客反馈，并在设计过程中反映出顾客偏好。在新产品开始销售后，营销团队会密切监察销售数据及顾客反馈，并与设计团队定期沟通。根据线上及线下渠道的顾客路线数据，调整在线渠道的用户体验设计及线下门店的产品展示。组建了一支专责在线设计团队，打造了一系列在线独家产品，从整体上更加切合在线顾客的喜好。

（2）在营销计划方面。运用内部数据分析系统，以更有效地寻找潜在顾客及实施目标营销策略，包括发送可在线上和线下兑换的定制化推广优惠券，从而实现死循环营销。由于主要在线平台的销售数据能快速及时地提供市场反应和顾客反馈，因此可以在线预售部分新产品。

（3）在顾客服务方面。在新零售平台的支持下，以顾客需要为中心，为顾客提供线上线下浏览产品及购物的便利，以及提供不同的取货或送货选择。收集所得的顾客行为数据可以通过顾客关系管理系统将顾客肖像发送给线上及线下销售人员，从而可以提高服务质量。

（4）在库存及供应链管理方面。新零售平台有助于管理线上及线下渠道之间的库存及供应链，从而实现更高的运营效率。运用线上渠道测试新产品的市场接受度，并根据有关产品的销售表现规划库存水平。运用 POS 与企业资源规划系统紧密结合的供应链及库存分析接收各门店的交易及库存数据，为供应链内的库存移动提供更高的准确度及可见性。基于大数据分析，密切关注原材料价格，并根据预计生产及销售预测，适时提前订购或对冲订单金额。

（三）全渠道的新零售

一般企业的线上与线下之间的关系是冲突与统一的关系。由于线上渠道随着广告流量的引入，销售收入也得到极大的提升。企业内部线上与线下渠道之间形成了竞争关系，线上为了获取更多的广告流量，而线下实体店为了更多的门店，一同竞争企业的内部资源。然而线上与线下在所销售产品的款式与价格方面都存在差异，为防止线上和线下"串货"，即消费者实体店试衣，线上低价购买，一些企业不得不对线下的产品进行改款，如将左边的口袋改到右边，在外包装上打上电商专供，抑或线下卖新款线上卖库存等。无论是线上还是线下，都是基于公司设计生产的产品，都需要将销售信息（价格、销量、消费者的偏好等）反馈给公司的研发设计部门，在无形中线上及线下部门又在合作，促进研发设计符合市场需求。

传统品牌线下实体比较强，而线上更多是定位成销售渠道，新的品牌传播手法完全是倒过来的，要更多地在线上塑造品牌。比如定制适合线上传播的内容，这在之前是没有的，未来将会加大这块的品牌预算。线上获客能力、盈利能力及品牌输出的能力比以前强了很多，在店铺数量这样大批量负增长的前提下，整个集团的财报收入还是在增长的。

全渠道订单中心由线上线下渠道的库存、订单和结算系统组成。储存在仓库管理系统中的库存移动实时数据将传输到企业资源规划系统，再传输到内部云端库存共享及分配系统，使顾客想要的产品即使个别门店缺货，他们仍可按需求购买。所有订单信息均储存在企业资源规划系统中，作为集中订单管理中心。

慕尚集团入驻天猫商城，是对电商团队给予了充分的信任，从而使电商团队能够一展身手。入驻天猫商城后，GXG 得到阿里巴巴平台的专业数据支持，天猫服饰总经理尔丁则强调，"GXG 与天猫服饰展开的是涉及会员、商品、数据以及门店等全链路的新零售深度合作"。与天猫合作能够使慕尚集团了解消费者的特征、在线的促销策略以及消费趋势，为其来年的款式设计提供参考。2010 年，GXG 入驻天猫，在天猫上线仅 3 个月后的"双 11"创下单日销售额破千万的纪录。近几年 GXG 的"双 11"战绩：2016 年 4.05 亿元，位居男装第一；2017 年 GXG，5.04 亿元，位居第四；2018 年，慕尚集团电商 5.54 亿元，GXG 品牌 4.02 亿元；2019 年 4.57 亿元（GXG 天猫旗舰店，位居男装第四名）。GXG 在最开始的两年间并没有在一线城市开店，直至 2009 年才进驻北京、上海、南京等一线城市，更没有经历从线下向线上的第一次转型，而是线上及线下融合并进。

2016 年 10 月的阿里云栖大会上，马云在演说中初次明确提出了新零售——"以消费者感受为管理中心的数据驱动器的泛零售形态"①。阿里云为"服饰行业，以数字技术推动服饰企业增长已经成为行业新趋势，阿里云智能推出数字化门店、全局数据中台、3D 服饰企划、智能选址等服饰行业解决方案，通过和标杆商家合作沉淀的最佳实践，全面助力服饰企业提升数智化水平"②。慕尚集团"线上及线下渠道的融合已经变成过去式，完成内部架构上的融合，才是真正决定一家公司实现新零售变革的要素。"在新零售战略下，慕尚集团首先取消了"电商部门"，将品牌营销、信息技术中心融合成一个团队；其次将商品和门店数字化，线上线下数据打通，最终实现"线上线下同价"以及"允许顾客线上付款，产品直接从线下门店发货"。

GXG 目标要成为一家新零售模式驱动的公司，以应对整体零售市场低迷的压力以及消费群体演变。根据市场反馈的信息，在产品方面将使用 Yatlas、2XU 两个品牌加速布局运动休闲服领域，进一步考虑开发女装和童装产品，或收购中高端女装或适合 2~15 岁儿童的中端时尚童装品牌。从 2018 年开始，电商专供款的存在意义逐渐被削弱。在品牌方面，GXG 计划提升面辅料的品质，丰富产品结构，提高品质单品比例。在品质提升之下，GXG 将适度控制折扣力度，

①　参见《阿里研究院新零售调查报告》。

②　参见 https：//www. aliyun. com/solution/ecommerce。

比如优化原先粗放的运营方式，给超级会员更多优惠，在保证利润提升的同时提升成交额。另外，基于品牌重塑的完整逻辑，GXG 和天猫正在与会员、商品、数据和商店建立深度的新零售联系，其背后是一套完整的品牌再造逻辑。围绕消费行为的本身，GXG 智能门店的最终目的依然是通过更精确的数据增加实体店铺销售。2018 年11 月，GXG 与天猫合作在南京建邺万达打造了首家新零售体验店。这家商店在天猫上汇集了许多新的零售技术，从"单按钮装配""微笑红包"到"互动游戏"，提升顾客体验。截至 2020 年初，GXG 在全国拥有 93 家智能商店，其中 30 家与天猫的新零售系统相连，成为第一批与天猫合作的门店。此外，11 家商店还实现了客流和货物的数字化，导致同店销售额比 2019 年同期增长了 5%～10%。

2019 年，慕尚集团计划通过优化新零售平台以进一步巩固集团在业界的领先地位，同时扩大数据分析以及对线上及线下会员进行整合，从而提升消费者体验与品牌知名度。

四、案例小结

GXG 公司成立之初，按照线上与线下补充融合的理念进行组织设计，突破了线上及线下冲突的观点。线上不仅传递信息、销量增加，而且将线上的顾客体验逐渐实体化和智慧化，与天猫合作，开设线下智慧实体店，进一步提升了顾客的体验。在 GXG 产品开发方面，组建自己的设计团队，注重自有设计师的学习和培养，同时与知名的设计师（工作室）合作，联名开发新产品。这些举措使企业获得了迅速发展。

参考文献

［1］GXG：我们是狼群与雁群并存的团队 ［EB/OL］. ［2013-12-18］. https：//cn. fashionnetwork. com/news/gxg-wo-men-shi-langqun-yu-yan-qun-bing-cun-de-tuan-dui，375481. html.

［2］国内男装 GXG 母公司 IPO 在即，LVMH 是大股东［EB/OL］.［2019-04-23］. https：//cn. fashionnetwork. com/news/guo-nei-nan-zhuang-gxg-mu-gong-si-ipo-zai-ji-lvmh-shi-da-gu-dong1091852. html.

［3］中国男装品牌要杀出新的一片天，过程比女装更痛苦！华丽志采访 GXG 母公司慕尚控股 CEO 余勇［EB/OL］.［2019-09-25］. https：//luxe. co/post/105511.

［4］GXG 将上市，还要天猫 618 把中国设计带到海外［EB/OL］.［2020-02-10］. http：//www. fuzhsj. cn/news/1563. html.

［5］GXG 联合陈鹏推出设计师联名新系列［EB/OL］.［2019-12-12］. https：//www. efpp. com. cn/news/100072. html.

［6］GXG 母公司慕尚集团上市一年销售收入 25 亿 GXG 的前世今生［EB/OL］.［2019-05-29］. https：//www. xianjichina. com/special/detail_403445. html.

［7］GXG 率先联合当代艺术家，一起探寻时尚本质！［EB/OL］.［2018-11-01］. http：//anneleven. cn/news/shownews. php？ id＝22.

第七篇

前后台知识管理：以泰隆银行为例

服务业新服务开发一般包括服务设计与服务传递，在此过程中顾客可以参与，即表达对服务的诉求，对原型服务提出改进意见，以及接受服务后进行整体评价。金融业一般采用前—中—后台的服务开发模式，前台负责收集客户的诉求、意见和评价，经过中台将相关的信息传递到开发的后台，后台开发好服务后再经过前台传递给消费者。此案例选取的浙江泰隆银行，是根据前台服务人员一线获取的客户信息，针对客户特征进行相关的服务产品研发，并获得极大成功的一家企业。

一、相关基础概念

金融机构是指从事金融服务业有关的金融中介机构，包括银行、证券、保险、信托、基金等①。在服务运作中，按照与客户的接触情况和利润贡献关系，分为前台、中台、后台业务系统。前台是负责业务拓展的、直接面对客户的部门和人员，为客户提供一站式、全方位的服务。后台主要是业务和交易的处理、支持以及共享服务。中台依赖于前、后台的资源，后台的目的在于协助前、中台以提供更有效的服务（Metters and Vargas，2000）。前台更偏向劳动密集，中、后台更偏向资本密集（Safizadeh et al.，2003），前、中、后台

---

① 修改自百度百科词条"金融服务业"，https：//baike.baidu.com/item/。

分工与合作，如图7-1所示。

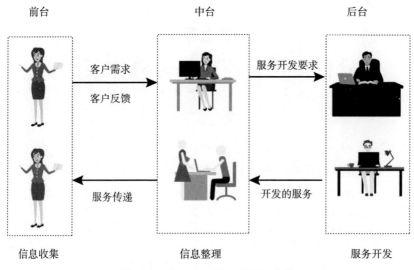

前台　　　　　　　　　　中台　　　　　　　　　　后台

客户需求

客户反馈

服务开发要求

服务传递

开发的服务

信息收集　　　　　　　　信息整理　　　　　　　　服务开发

图7-1　前、中、后台分工与合作

在新服务开发过程中，企业对于顾客具有高度依赖性（王琳和魏江等，2009），且企业在与（潜在）顾客持续互动过程中，获得对顾客（潜在）需求的深入理解。顾客能够为企业提供信息、知识、经验需求与新想法的描述原型（Nambisan，2002）等（见图7-2）。新服务开发是"服务企业在整体战略和创新战略的指引或影响下，在顾客和市场需求或在其他环境要素的推动下，通过可行的开发阶段向企业现有顾客或新顾客提供的……它形成了现有服务或新服务的价值增值"（蔺雷、吴贵生，2005）。新服务包括从构思到引入的一系列阶段（Menor et al.，2002）。狭义服务创新关注新服务开发过程中想法的产生部分（Edvardsson et al.，2000）到服务开发的整个过程，涉的服务概念从产生、筛选、开发，到商业分析、服务设计和测试、服务评价等诸环节，无不体现了知识的运作，尤其是隐性知识的运作。它是一个知识密集型的活动，强调学习以及新产品知识的开发、生产和传递的过程。新服务开发过程，是将不同性质分散的知识整合在一起，以创新的方式重新配置它们，从而产生新的有效的知识（Verona and Ravasi，2003）。

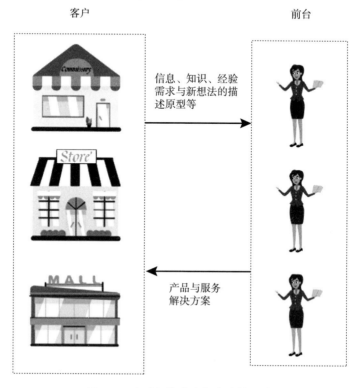

图 7-2 金融机构前台与客户的互动

二、泰隆银行简介

浙江泰隆商业银行是一家自创办起始终坚持"服务小微企业、践行普惠金融"的股份制城市商业银行。目前拥有 9000 多名员工，开设了台州、丽水、杭州、宁波、上海、苏州、衢州、金华、嘉兴、湖州、绍兴、温州、舟山 13 家分行和 300 多家支行，在浙江、湖北、福建、广东、河南、陕西等地发起设立 13 家泰隆村镇银行。在 2019 年《银行家》杂志全球银行 1000 强中排名第 496 位。

泰隆银行经营业绩和组织架构如表 7-1 和图 7-3 所示。

表 7-1　银行经营业绩

年份	2017	2018	2019
营业收入（亿元）	71.68	80.38	96.13
营业利润（亿元）	30.78	35.18	40.46

资料来源：《浙江泰隆商业银行股份有限公司 2019 年年度报告》。

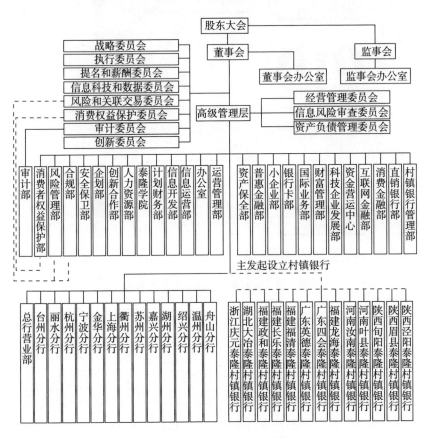

图 7-3　泰隆商业银行组织架构图

资料来源：泰隆银行的组织架构（http://www.zjtlcb.com/zjtlcb/gytl/shzr/index.html）。

泰隆银行一直在探索具有中国特色的小微企业信贷服务模式和风险控制技术，总结出了一套以"三品三表""三三制"等为特色的小微企业金融服务和风控模式，为寻找解决小微企业"融资难"问题提出泰隆方案（见表7-2）。泰隆银行真正地在从事小微企业金融服务市场上赢得了一片蓝海，实现了企业可持续发展与社会责任的相互交融、和谐共进。

表7-2　泰隆银行主要产品（服务）

主要业务	业务明晰	具体产品（服务）
个人业务	资产管理方案	定活通、通知存款、整存整取、活期存款、教育储蓄、零存整取、定活两便存款
	贷款管理方案	丰收创业卡、小额贷款卡、小额创业贷、优易贷、安置贷2.0、联保贷、安置贷、个人住房公积金组合贷款、个人住房公积金贷款、二手房按揭贷款、一手房屋按揭贷款、汽车按揭贷款、存贷乐、市场经营户商铺使用权抵押贷款、市场经营户商铺使用权回购担保贷款、留用地房屋出租（售）配套贷款
	便捷服务方案	代理保险、代理第三方存管、POS机业务、资信证明、代发工资、业务缴费通、业务、代理销售实物黄金
	理财	"乐惠"约4天一期，产品有两种类型：非保本浮动收益型、保本浮动收益型
	银行卡	借记卡、衣之家联名卡、信用卡
公司业务	存款服务	单位活期存款、单位定期存款、单位通知存款、单位协定存款、存款证明
	贷款服务	政融易、科创贷、保函、流动资金贷款、固定资产贷款、普通信用贷款、普通订单融资贷款、普通保证贷款、专业担保公司保证贷款、普通抵押贷款、经营性物业抵押贷款、普通质押贷款、动产抵质押融资、应收账款、质押贷款、委托贷款
	票据服务	票据宝、电子商业汇票、一票通、普通银行承兑、汇票委托他行代理承兑商业汇票、普通银行承兑汇票贴现、商业承兑汇票保贴

续表

主要业务	业务明晰	具体产品（服务）
公司业务	组合产品	工商验资通、"转企通"综合金融服务、杭州市中小企业转贷引导基金、中小企业私募债业务、汽车金融产品、设备通产品
其他主要业务		国际业务、小微企业、电子银行、社区卡、信用卡、理财产品（具体产品/服务略）

资料来源：根据泰隆银行网站整理。

三、前后台知识转移

前、后台分离是银行服务常见的运营方式，前台负责客户接触，了解客户需求信息，后台主要负责对非实时和非交易性业务进行标准化和专业化处理。前台员工需要深入地了解顾客的需求、活动、生产流程，技术标准、财务标准等各项数据，形成前台的知识库。后台研发人员通过分析宏观市场环境和内部资源的情况，制定各项业务发展政策和策略，进行相关新产品（服务）的开发，同时进行业务与交易的处理与支持，形成了大量的技术知识、管理知识，并为开发新的产品做准备。

泰隆银行践行"人人平等"理念，专注为小微客户创造价值，让信任泰隆的客户都能享受到平等、安全、优质的金融服务。作为一家社区银行，针对一线生产者、个体户、农户，前台人员需要深入田间、提前了解新服务开发所需的各项顾客信息。通过 PAD 移动金融平台，主动送服务上门，解决"最后一公里"；深化科技赋能，打造开放的小微服务生态，通过专业的综合服务，成就客户实现金融的价值。前台获取新服务开发所需顾客的信息，顾客的意见和决定等信息或参与顾客生产流程所获得的知识，以及顾客提供新服务开发的相关知识。"要看客户仓库的物品是否落满灰尘，在鱼摊上数一天卖多少条鱼，甚至要清楚气候变化对草莓收成的影响。""到户调查"和"眼见为实"是原则，利用亲缘、人缘及地缘关系，与客户面对面沟通，再借助人脉关系对客户进行"背靠背"的了解，摸清贷款户的"三品"（人品、产品、物品），关注企业无法做假的"三表"（水表、电表、海关报表）。因为跑得勤，就能看出行业的细微变化，"骗贷"蒙不过专家①。当前台获取客户信息和知识后，需要转移给后台。

前、后台通过多种渠道和途径，了解不同的途径和场合，将获得的知识传递给后台。银行通过行务联席会议（各部门轮流主持，定期和不定期的会议）、内网通讯、在线视频会议等正式渠道，员工之间还可以通过非正式内部组织的集体活动等渠道，前后台人员进行双向的交流，满足后台人员通过前台人员获得客户对新产品的全面反馈。后台的人员也可以与前台人员进行交流，从而确保了知识的畅通，这有利于市场信息的及时感知。

后台通过分析经济环境、产业政策和内部资源的情况，制定各项业务发展政策和策略，进行相关新产品（服务）的开发，同时进行业务与交易的处理与支持，形成了大量的技术知识②、管理知识及一部分市场知识。把这些产品和服务的知识顺利转移到前台，对于开发的新服务能否最终通过前台转移至客户是非常关键的，而且后台向前台进行知识转移是实现新服务进入市场的先决条件。银行前、后台要注重随时沟通和及时沟通。在新服务开发的引入阶段，银行会把新产品交给前台去推广，因此前台要受到关于新服务的培训，而且前台人员在市场中获得的反馈信息对新产品具有极大的价值。前台人员将反馈信息转移给后台开发人员，后台开发人员则会对这些信息进行反思，对新产品进行完善。

前后台知识转移提高了银行新服务开发的效率，加速新服务进

---

① 记者跟着泰隆银行客户经理跑市场　金融服务送到田间地头 [N/OL]. http：//wxnews. Zjol. com. cn/ch104/system/2015/07/06/019505044. shtml.

② 包括产品和服务知识。

入市场，提高产品市场占有率，从而提高银行的绩效；新服务加快了传递速度，提高顾客满意度，改善了与顾客之间的关系。截至2019年底，贷款总额为1356.26亿元，同比增幅为24.07%，2019年服务小微企业20.66万户，社区、农村网点占比90%，涉农贷款占比52%，100万元以下客户户数占比95.50%，近三年依法纳税41.29亿元。

四、人才培养

泰隆银行与浙江工商大学合作，按照浙江省委省政府的部署成立了泰隆金融学院①，该学院是国内首家培养小微、普惠金融高端人才的非独立设置混合所有制学院，还是浙江省省委省政府实施"高教强省"战略，推进产教融合和高等教育体制机制改革的先行项目。学院采用创新学校和行业、企业共建共管的办学模式，且以"将学院建设成为全国性小微、普惠金融专家型人才和管理型人才培养基地，全球性小微、普惠金融学术研究特区，产教融合发展和体制机制创新的全国标杆性混合所有制学院"为共同愿景。

泰隆银行内部"泰隆学院"进行系统培训，让有经验的客户经理"传帮带"，使刚入职的前台人员能更深入地了解泰隆银行的产品、制度和特色流程。泰隆银行与浙江工商大学联合成立泰隆金融学院，与北京大学新结构经济学研究院开展战略合作，推进小微标准、系列教材、人才培养、征信评级"四位一体"。银行前台人员均受到经过高等教育和系统的业务培训，如临柜的业务培训、会计基础、信贷资格培训等，掌握访谈一线客户的技巧，识别客户资金实力。员工间交流频繁，沟通密切，各部门负责人之间也交流顺畅，这大大促进了知识在不同部门之间的转移。银行前后台知识转移的能力也相当强。

在人才培养方面，泰隆银行建立"立体式"培养体系，覆盖全

---

① 学院网址：http://tlxy.zjsu.edu.cn/new/index.html。

行、面向基层、服务一线、聚焦客户经理和服务经理培养。在"10%+20%+70%"的学习制度中，课堂学习10%，其根据员工成长路径及培训需求点，组建"扬帆班"——培养社区化经营理念；"启航班"——培养业务拓展能力、政策分析能力；"领航班"——培养综合经营意识、加强文化引导。向他人学习20%，举办管理者沙龙，展开交流切磋，老员工与新员工结成帮带师徒，引导员工有效融入工作岗位，提高帮带成效。在实践中学习70%。老员工带领团队新员工启动社区营销，让新员工体验从想法到实施的成就感，收获"刻意练习"带来的成长、突破。通过人才培养机制，提升队伍专业技能、文化认同与职业素养。

　　泰隆银行员工平均年龄在29岁左右，均受到正规且系统的高等教育，对银行的产品有一定的理解，知识转移能力相对较高。银行通过员工培训，如临柜的业务培训、会计基础、信贷资格培训等，提高前后台之间的知识转移能力。客户经理和服务经理，通过分层分类，让各层级员工掌握应知应会知识；强化"三个自己、三誉三感"；完善人才梯队结构；实行特色化的福利制度，成就员工实现自身的价值。

五、案例小结

　　金融服务业常见的服务开发和传递过程，即客户信息获取，与金融知识整合，开发出新的服务产品，传递给消费者，不断地迭代更新发展。作为与顾客接触的前台，需要能够充分地识别（潜在）顾客的需求，准确地获取其运营数据，并将这些信息进行编码，准确地传递给中台。中台根据前台收集的信息，以及企业研发部门的能力，将这些客户信息分发给后台。后台根据这些信息进行服务开发，并将开发出来服务的初期版本，交由测试用户检验，不断地完善开发的服务产品。开发的服务再经过中台—前台，传递给消费者。

参考文献

［1］Edvardsson B. , Johnson M. D. , Gustafsson A. , & Strandvik T. The Effects of Satisfaction and Loyalty on Profit and Growth: Products Versus Services ［J］. Total Quality Management, 2000 (11): 917-927.

［2］Larry J. Menor, Mohan V. Tatikonda, Scott E. Sampson. New Service Development: Areas for Exploitation and Exploration ［J］. Journal of Operations Management, 2002, 20 (2): 135-157.

［3］Metters R. , Vargas V. A Typology of De-coupling Strategies in Mixed Services ［J］. Journal of Operations Management, 2000, 18 (6): 663-682.

［4］Nambisan, S. Complementary Product Integration by High-technology New Ventures: The Role of Initial Technology Strategy ［J］. Management Science, 2002, (48): 382-398.

［5］Safizadeh M. H. , et al. An Empirical Analysis of Financial Services Processes with a Front-office or Back-office Orientation ［J］. Journal of Operations Management, 2003, 21 (5): 557-576.

［6］Verona G. , Ravasi D. Unbundling Dynamic Capabilities: An Exploratory Study of Continuous Product Innovation ［J］. Industrial and Corporate Change, 2003, 12 (3): 577-606.

［7］蔺雷, 吴贵生. 新服务开发的内容和过程 ［J］. 研究与发展管理, 2005 (2): 14-19.

［8］王琳, 魏江, 胡胜蓉. 服务创新分类研究 ［J］. 技术经济, 2009, 28 (2): 7-12.

第八篇

模块化知识管理与运用：以审计公司为例[*]

专业服务业属于新兴服务产业，是由专家组成的知识密集的服务企业，向客户提供专业知识、专业技能和专业方案，具有知识和信息密集度高、劳动力专业化以及提供定制服务的特点。专业服务在根据客户（定制）需求，进行知识服务模块的组合，并传递给客户。知识密集型服务通过模块化设计与传递，提高服务开发效率和顾客服务质量。

一、相关基础概念

Von Nordenflycht（2010）对专业服务业的分类及 2007 年北美产业分类体系（NAICS）的定义，将专业服务业界定为：以人力资本为主要投入，依靠员工的专业化知识和技能，基于分工协作为客户提供专业化服务的行业，其包括法律服务、会计及相关服务、建筑、工程及专业设计服务、咨询服务等。专业服务企业具体是指由专家组成的知识密集的服务企业，主要包括法律、会计、管理咨询、建筑服务、IT 咨询、人力资源咨询、工程咨询、金融咨询、教育服务、科技服务、项目管理、风险管理、医药、广告、媒体制作、图像设计等。

专业服务业具有高度知识密集、高度定制化、高度互动性、服

---

* 此案例根据本科论文修改完成。

务人员依靠主观化因素传递服务、服务受到职业行为规范限制的特征（Lowendahl，1997）。专业服务业的特征从价值创造和价值传递两个维度可分为基于知识提供服务和定制化服务传递（Reihlen and Apel，2007）。专业服务业基本特征有高度知识密集、低度资本密集、专业化劳动力（Von Nordenflycht，2010）。

1997 年，Baldwin 和 Clark（1997）发表在《哈佛商业评论》上的《模块化时代的管理》指出许多服务业组织也正在实行模块化管理。服务模块化是指服务企业运用模块化思想、架构服务产品与流程系统，向顾客提供多样化定制服务的活动，包括服务产品模块化和服务流程模块化（陶颜等，2016）。专业服务业模块化透过知识编码化作用于客户响应，主要表现为模块自律化和界面标准化通过推动个人知识结构化和企业知识显性化来提高客户响应（魏江、刘洋等，2013）。

模块化是实施客户定制的关键要素。模块化可以让企业在客户定制需求的情况下走出成本高和响应速度慢的困境。客户定制依靠模块化思想实现产品或服务的多样化和定制化，降低了企业成本，使企业在多变的市场中柔性和敏捷性显著增强。

二、企业简介

ZJXY 审计集团（以下简称为"ZJXY"）成立于 2000 年 1 月，其注册资本 200 万元，主营业务收入 4000 余万元，现有不同专业背景和行业经验的员工 120 余名，其中教授级高级会计师 1 名，注册会计师 25 名，注册税务师 16 名，注册资产评估师 15 名，注册造价工程师 7 名，房地产估价师 6 名，律师 1 名，总监理工程师 8 名，高级会计师 7 名，高级工程师 3 名，具备大学学历的占 85% 以上，具备中高级职称的占 40%。ZJXY 在代理记账、审计、税务、资产评估、工程咨询和专业技能培训等方面都有较强的专业优势。2012～

2016 年在全国百强会计师事务所综合评价中，ZJXY 凭借较大的事业规模、独特的企业文化以及品牌形象连续五年进入全国百强；在浙江省 2012~2016 年综合评价 50 强中，连续五年进入前 15 强。公司的组织结构如图 8-1 所示。

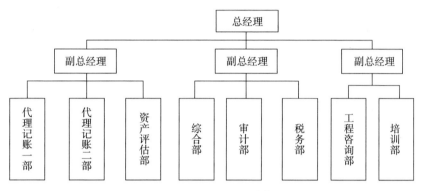

图 8-1　ZJXY 组织结构

　　ZJXY 成立初期，受到规模和员工专业素养的限制，公司以传统的一线式服务流程提供高质量的服务，缺乏对服务效率的关注，并以提供会计、审计服务为主要业务。随着公司的发展，规模和业务范围逐渐扩大，以往的服务模式已不能应对客户业务需求及业务复杂程度增大带来的服务效率的挑战。在此基础上，ZJXY 决定向著名事务所学习，采用服务模块化，在保证服务质量的同时提高服务效率。一方面，公司引进大量较为先进的信息处理系统和财务处理软件，其不仅可以快速准确地处理财务信息，而且可以快速导入财务数据进行分析，从而发现审计问题；另一方面，公司通过服务模块化，将复杂的项目分解为几个相对独立的部分交由不同的专业人员负责，间接提高服务效率。

　　ZJXY 的服务活动主要分为风险评估、提供服务及服务结算。目前，ZJXY 主要对提供服务实行了服务模块化，主要提供会计、审计、税务、资产评估、工程领域和培训的服务。根据不同的服务类型，ZJXY 设立了不同的部门，其中代理记账部提供会计服务，审计部提供审计服务，税务部提供税务、咨询服务，资产评估部提供资产评估服务，工程咨询部提供工程服务，培训部提供职业技能培训服务。在模块化前，这些服务主要由一批专业人员一起提供，这要求专业人员需要同时掌握多种专业知识，比如说提供咨询服务的专家也要熟悉税务业务。模块化后，专家们可以通过信息系统获得其他业务领域的资料，比如说提供咨询服务的专家可以从税务专家处获取全部的税务资料。

三、服务传递模块化

ZJXY 将全部业务分为会计、审计、税务、资产评估、工程和培训六类。然后根据客户的需求将六类业务继续细分为不同的服务模块，从而满足不同规模和类型的客户财务需求。公司对单一会计业务进行模块化，可以提高服务质量和服务效率，减少资源的重复配置节约成本（见表 8-1）。

表 8-1　服务模块构成

主要业务	服务模块（知识模块）
会计业务	代理记账模块 纳税申报模块 代理开票模块 工商注册代理模块
审计业务	企业财务报表审查模块 企业资本验证模块 其他审计服务模块
税务业务	税务代理模块 税务咨询模块 企业管理咨询模块
资产评估业务	企业整体评估模块 单项资产评估模块

主要业务	服务模块（知识模块）
工程业务	建设工程招投标业务代理模块 工程项目造价咨询模块 投资项目评估模块 建筑工程设计、监理模块
培训业务	会计技能培训模块 审计技能培训模块 税务技能培训模块 资产评估培训模块 工程建筑培训模块

　　针对不同规模客户和服务需求，进行不同的模块化组合，来传递公司的服务。

（一）单一业务模块化

　　个体户及小规模客户的需求呈现出单一、集中的特点，同类需求的客户数量较多。公司的小规模客户数量占比约为38%，在数量上占有较大的比重，而且潜在的同类型客户较多，因此有必要对此类客户的单一财务业务需求进行模块化。会计服务业的单一业务是指为客户提供会计、审计、税务、咨询、评估、工程等业务中的一种。单一业务的客户对象主要是个体户和小规模公司，他们的经营业务和服务需求比较单一。对于中小型事务所来说，对单一业务进行模块化可以使有限的人力资源得到合理的分配和利用，减少资源的重复配置和浪费，提高服务的速度。

　　ZJXY的会计单一业务模块化模式如图8-2所示，具体流程为：首先，由项目承接人辨别客户的需求属于哪一类业务，交由负责该业务的部门提供相应的服务。其次，由部门主管按照客户的需求，制定出定制化的业务供应方案，主要包括确定业务内容，人员、资源和时间的配置情况等。最后，部门主管根据所确定的业务内容将对应的服务模块进行组合，由负责这些服务模块的人员按照既定的供应方案向客户提供服务。

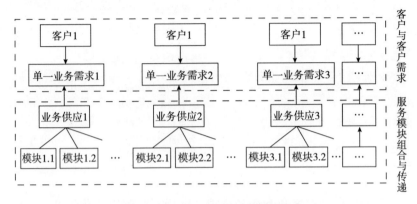

图8-2　会计单一业务模块化模式

当客户的需求是代理记账和税务申报时，首先，项目承接人辨别此客户的需求为会计业务，交由代理记账部门主管负责；其次，代理记账部门主管根据客户需求确定了需要的业务内容是代理记账和纳税申报，所需的专业人员为1名，所需的资源为该企业的基本信息、财务资料、申报所需资料及提供服务所需的设备、办公文具等，提供服务的时间为一年，按照国家规定的记账及纳税申报的时间确定各项工作应该完成的时间；最后，部门主管将代理记账模块和纳税申报模块进行组合，交由负责这两个服务模块的员工按照供应方案提供服务。

（二）相邻业务模块化

企业规模较大时，且需要相关关联的服务。为客户提供会计、审计、税务、咨询、评估、工程等业务中的两种。相邻业务的客户对象主要是中小型企业，它们的业务需求一般有两种，而行业性质及公司自身发展情况的不同使它们的业务需求差异较大。对于中小型事务所来说，对相邻业务进行模块化可以提高员工的专业化程度以快速地应对客户的定制化需求，提高客户的满意度。

中小型客户的需求呈现出多样化、分散的特点，客户在业务需求选择上具有较大的差异性。公司的中小型企业的客户数量占比约为46%，在数量上占有很大的比重，而且这些客户的需求多种多样，且其对服务质量和效率有较高的要求，因此有必要对此类客户的相邻业务需求进行模块化。

ZJXY的会计相邻业务模块化模式（见图8-3），具体流程为：首先，由项目承接人辨别客户的需求属于哪两类业务，交由负责这两种业务的部门提供相应的服务。其次，由两个部门主管按照客户的需求，共同制定出定制化的业务供应方案，主要包括确定业务内容、人员、资源和时间的配置情况，部门间信息的传递规则等。最后，部门主管根据所确定的业务内容将对应的服务模块进行组合，由负责这些服务模块的人员按照既定的供应方案向客户提供服务。各部门之间的信息传递由各服务模块的负责人直接进行。

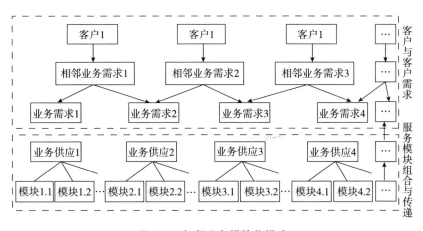

图8-3　相邻业务模块化模式

（三）复杂业务模块化

会计复杂业务是指需要为同一客户提供会计、审计、税务、评估、工程中的三种以上业务。复杂会计服务的客户对象为经营业务复杂的大中型企业，他们通常会将审计、税务、资产评估等工作打包给会计服务企业负责以降低自身的运营成本并专注于核心业务的管理。为此类大中型企业提供的服务不仅需要高质量而且需要高效率，因此会计服务企业需要通过模块化提高服务效率，从而降低服务成本、获得丰厚的利润和占据有利的市场地位。大型客户的需求呈现出复杂、专业性强的特点，对服务质量和服务效率的要求高。中大型客户提供服务是 ZJXY 业务收入的主要来源，快速有效的为这些客户提供服务有利于 ZJXY 占据更好的市场地位，提高企业竞争力，因此实行复杂业务模块化非常必要。

ZJXY 的会计复杂业务模块化模式（见图 8-4），具体流程为：首先，由项目承接人确定客户的需求属于哪几类业务，交由负责这些业务的部门提供相应的服务。其次，由各个部门主管按照客户的需求，共同制定出定制化的业务供应方案，主要包括确定各部门所需提供的业务内容，人员、资源和时间的配置情况，部门之间信息的传递规则等。最后，各个部门主管根据所确定的业务内容将对应的服务模块进行组合，由负责这些服务模块的人员组成一个临时的团队，按照既定的供应方案提供服务，并与客户之间保持紧密的联系和互动。

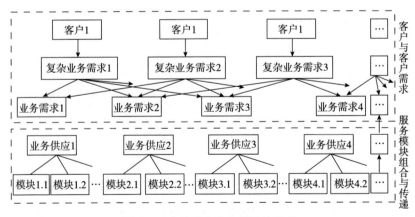

图 8-4　会计复杂业务模块化模式

四、模块化服务小结

三种服务模块化模式从目的上来说是一致的。首先，三种模块化模式都是从客户需求出发，提出定制化的服务方案，通过模块组合提供服务。其次，三种模块化模式都可以对员工进行专业化分工，通过清晰简单的服务流程为客户提供服务，提高了服务效率和质量。再次，三种模块化模式都根据客户的需求对提供服务所需的人员、资源和时间等进行了合理的规划，在保证服务质量的同时选择最低成本的服务方案，减少了资源的浪费和节约了服务成本。最后，三种模块化模式的最终目的都是通过提高服务效率、客户满意度和忠诚度等来提高企业的竞争力，扩大市场范围和企业规模，占据更有利的市场地位。

三种服务模块化模式的不同点主要体现在以下几个方面（见表8-2）：

表 8-2　服务模块化模式比较

模式	相同	不同	优点	不足
单一业务模块化模式	1. 基于客户需求提供服务 2. 提高服务效率 3. 减少资源浪费，节约成本 4. 提高企业竞争力	1. 客户需求单一 2. 客户数量多 3. 客户规模小 4. 不同模块间联系少	1. 耗费的资源少 2. 服务流程简单、时间短，管理简单 3. 风险小	1. 员工专业知识和技能弱 2. 提供的服务种类少，客户流动率高 3. 获利少
相邻业务模块化模式		1. 客户需求差异大 2. 客户规模中等 3. 不同模块间存在一定联系	1. 提供多样化定制服务，客户互动水平高 2. 有利于增加客户数量和提高获利能力 3. 调整更新灵活方便	1. 容易导致信息失真和丢失 2. 容易造成权责不清、推诿责任等情况 3. 容易出现资源重复配置和浪费的情况

续表

模式	相同	不同	优点	不足
复杂业务模块化模式	1. 基于客户需求提供服务 2. 提高服务效率 3. 减少资源浪费,节约成本 4. 提高企业竞争力	1. 客户需求复杂 2. 客户规模大 3. 模块组合复杂 4. 模块间联系紧密	1. 提高复杂业务的服务效率,获得的利润多 2. 客户互动水平和客户响应度高	1. 人力、物力耗费大,对信息管理系统的处理能力要求高 2. 服务流程复杂,耗时长,管理困难 3. 分级严重,控制力弱,反馈速度慢 4. 容易导致信息的失真和丢失,风险大

首先,从客户角度看。单一业务模块化主要用于为小型客户提供服务,其客户的需求单一且相同类型的客户数量较多。相邻业务模块化用于为中小型客户提供服务,其客户需求差异较大且客户数量多。复杂业务模块化用于为大型客户提供服务,其客户需求复杂、客户数量较少。

其次,从模块组合程度看。单一业务模块化是同业务下的不同模块之间的组合,模块组合程度低;相邻业务模块化是跨业务下的模块组合,模块组合程度处于中等;复杂业务模块化是多业务下的模块组合,模块组合程度高。

最后,从模块间的联系程度看。在单一业务模块化下,各模块间的联系较少甚至没有联系,由一个业务部门单独提供服务,各部门间不需要进行沟通和交流。在相邻业务模块化下,跨业务的两个部门中的各模块之间有一定的联系,需要共享客户信息及进行协调以为客户提供更及时、准确的服务。在复杂业务模块化下,多个业务部门中的各模块之间的联系较为紧密,各模块需要通过沟通合理地安排提供服务的顺序、资源的配置、相关资料的传递等,以减少服务混乱的现象及信息不对等造成的损失。

通过案例分析可以发现三种不同类型的服务模块化模式的异同和优缺点（见表8-2），具体如下：

（1）单一业务模块化的优点在于其对员工的专业技能要求较低，耗费的资源少，不需要和其他部门相互联系，提供服务的流程简单、时间短，信息丢失和失真造成的风险小。与其他两种模式相比，单一业务模块化的缺点在于其所能提供的服务限制多，不能满足客户复杂服务的需求，客户流动率较高，为公司带来的利润少。

（2）相邻业务模块化的优点是它可以为众多不同类型的企业提供服务，有利于公司扩大业务范围、增加客户数量，从而提高获利能力和竞争力，且该种模式能够更灵活地根据客户需求的转变进行调整更新。与单一业务模块化相比，相邻业务模块化的缺点是不同模块间的合作容易导致信息失真和丢失，也会造成各部门之间权责不清、推诿责任等情况。各部门之间的信息不对等可能会造成资源重复配置和浪费的情况。

（3）复杂业务模块化的优点是通过模块化可以提高提供复杂业务服务的成功率，从而获得丰厚的收入，且客户参与的水平和客户响应度都较高。与其他两种模块化方式相比，复杂业务模块化的缺点是其需要耗费更多的资源，提供服务的时间相对较长、服务流程较复杂，管理较为困难，各部门之间信息的传递和联系较多，容易导致信息的丢失和失真，从而给企业带来较大的风险和损失。

五、案例小结

服务模块化是专业服务业快速发展的一个重要原因。面对多样化的客户需求和激烈的行业竞争，会计服务企业竞争面临如何通过服务模块化简化服务流程、提高服务效率和客户响应度的挑战。

对于中小规模的知识密集型服务企业而言，对规模小、业务少及客户需求单一的小型会计服务企业，会计单一业务模块化模式可能比较适用；对规模大、业务多、复杂及客户需求庞大、复杂的大型会计服务企业，会计复杂业务模块化模式可能适用的较多。

参考文献

［1］Lowendahl，B. Strategic Management of Professional Service Firms［M］. Copenhagen：Copenhagen Bussiness School Press，1997.

［2］Von Nordenflycht A. What is a Professional Service Firm？Toward a Theory and Taxonomy of Knowledge-intensive Firms［J］. Academy of Management Review，2010，35（1）：155-174.

［3］陶颜，周丹，魏江. 服务模块化、战略柔性与创新绩效——基于金融企业的实证研究［J］. 科学学研究，2016，34（4）：601-611.

［4］魏江，刘洋，赵江琦. 专业服务业中的知识管理研究［J］. 浙江大学学报（人文社会科学版），2013，34（9）：1-10.

第九篇

数据运用管理：以云算信达公司为例[*]

云算信达公司是一家基于数据收集和开发的企业，企业在获取数据的基础上，研发团队根据客户的需求，开发相应的算法模型，并嵌入（金融类）客户的贷款审批流程中，加快了审批流程，提高审批质量。同时基于运营数据，实现对于贷款客户的贷后监督，保证贷款的偿还；基于信用数据，构建交易平台，保障双方交易的顺利进行。

一、公司简介

云算信达创立于 2014 年，长期专注于通过大数据服务小微金融业务的第三金融服务企业，并开创了"小微信贷"技术，为中小企业"融资难"问题提供解决方案。云算信达是以大数据技术为核心的金融科技，服务于商业银行或其他放贷金融机构，帮助金融相关机构建设快速高效的小微金融业务体系。经过多年发展，目前已经成为国内电商金融领域、数据金融领域的领导企业，为各合作伙伴提供创新数据金融产品以及综合数据金融解决方案。基于数据金融解决方案（云算 IDFS）集合了 SaaS^① 应用、数据模块、风控模块为

---

* 本篇根据公司网站和收集的二手数据编写而成。

① 软件即服务 SaaS（Software-as-a-Service），即通过网络提供软件服务。SaaS 供应商将应用软件统一部署在自己的服务器上，客户可以根据工作实际需求，通过互联网向厂商定购所需的应用软件服务，按订购的服务多少和时间长短向厂商支付费用，并通过互联网获得平台供应商提供的服务。参考百度百科词条，https：//baike. baidu. com/item/SaaS/6703273？fr＝aladdin。

一体，运用大数据技术手段实现金融领域的智能化风控和场景产品设计，为各合作机构提供定制化嵌入式风控的金融产品全流程管理服务。

互联网时代的数据管理是一个新兴的大市场，其前景广阔且富有挑战性。在企业应用纷纷上云的趋势下，数据上云也成了当下备受关注的问题之一。在互联网技术高速发展的背景下，伴随着企业应用（APP）数量和用户规模交替性的爆发式增长，海量的以文档、图片及多媒体形式存在的非结构化数据也随之产生。在大多数情况下，企业重要的数据依然存放于传统的关系型数据库（结构化数据）而是否拥有多元化数据获取、智能化数据存储，以及标准化数据服务能力的智慧数据管理平台已经成为衡量企业 IT 转型成功与否的重要指标。

企业创始人许林伟历任浙江财经大学、杭州长三角大数据研究院研究员执行院长等职务。其核心团队由一个具有十多年数据审计与风控经验的专家团队组成，其先后研发出"泰隆小微指数""义乌小商品指数"等具有影响力的产品。团队汇聚大数据领域、信用评价领域及金融领域的专家团队率先对大数据的微贷技术展开研究。

云算信达公司发展大事记如表 9-1 所示。

表9-1　云算信达公司发展大事记

年份	大事记
筹备期	团队汇聚大数据领域、信用评价领域及金融领域的专家团队率先对大数据的微贷技术展开研究
2014	杭州云算信达数据技术有限公司正式成立； "云贷365"上线，专注电商金融解决方案 获得凯泰资本千万级别投资，完成 Pro-A 轮融资
2015	获 AAA 企业信用等级证书； 获杭州市青蓝计划企业称号； 与华夏银行、浦发银行、金华银行合作，分别推出"电商贷""电商通-云贷365""电商融"等产品

年份	大事记
2016	通过 ISO9001 质量管理体系认证； 捐资浙江财经大学 100 万元成立"云贷 365 职业经理人成长教育基金"，助力社会教育事业发展和人才培养； 小微电商企业放贷规模超 5 亿元，为小微电商提供近 30 亿元规模综合授信，成为电商金融领域、数据金融领域国内领先平台
2017 年	获"2017 浙江创新第三方服务机构"； 获"2017 年互联网+金融行业优秀解决方案奖"； 成为华夏银行唯一银监会备案第三方金融技术服务商； IDFS 数据金融解决方案荣获数据中心联盟颁发"优秀案例"奖项

二、组建数据开发团队

创始人许林伟先后有十多年数据分析风控审计的经验，历任浙江财经大学杭州长三角大数据研究院研究员执行院长等。云算信达是基于数据服务提供方案产品的企业，企业有着十分卓越的专家顾问团队，其中一些知名的教授均为本团队的特聘专家成员，他们甚至直接参与大数据平台和风控体系核心体系的交流和设计，确保上述成果在国内处于领先地位。

（一）大数据运算团队

云算信达团队中同时包括了互联网信息技术专家，他们精通包括底层数据仓库、云计算等技术，同时对于互联网的行为跟踪研究有着十分深厚的基础。大数据人才均有近十年的数据科学领域工作经验，具有十分强的大数据收集与运算能力，其中包括数据收录、数据分析、数据挖掘、数据可视化等。根据银行贷款的流程，构建场景化的数据金融模型，从多达数千维度的数据收集到数据的标准化清洗、行业模型的构建，运用机器深度学习，动态调优，构建完善的小微贷款、风控体系。

（二）风险控制团队

大数据领域、金融领域的大量学者和专家，通过大数据进一步推动金融风控技术的发展。该团队具有十分丰富的金融风控经验，如华夏银行小微指数、小微风控体系等均出自该团队核心成员之手，其中以"三品三表"的小微风控体系及后续融入大数据的网格化风控体系，成就了云算信达的核心设计框架。

（三）金融专家团队

该团队是具有担任银行高层十多年的经验，并对金融风控拥有深刻洞见，且拥有丰富管理经验及金融投融经验的合伙人团队。联合中国科学院、浙江财经大学、浙江工商大学、杭州长三角大数据研究院形成了战略合作单位，云算信达公司及战略伙伴以长期积累的大数据资源和大数据技术为支撑，以领先的小微金融风控技术为核心，以优质金融服务为目标，开发出了国内领先的基于大数据的云算信达电商金融服务平台。

三、获取大数据

分析电子商务过程金融机构面临的数据问题。电商企业中40%左右的比例可能是各类金融产品的客户，如浙江义乌电商达13万多家，如果这些电商频繁地向金融机构提出申请，将导致金融机构数据获取审查监控成本的急剧上升。金融机构需要处理大量申请数据，进行预审批，放款后小微企业的实时监控亦成问题。

云算信达作为一家第三方电商信用服务企业，为金融机构提供数据决策服务，但不直接提供融贷资金。大数据平台累计收录了超过100万户电商的数据，并构建了30个行业数据模型，形成了大量的成本估算、广告投入、访问流量、风险预测、信用估算数据分析方法。平台同时创新地运用大数据互联网技术，实现电商多源数据综合汇聚，进而通过大数据技术实现动态风险管理预警，立体信用评级、实时风险定价等国内外领先的风险管理机制。开发了"网格风控"，平台收录和分析电商，包括电商的交易数据、流量数据、货品数据、活动数据等，进而对电商进行综合分析评价。

作为金融机构的大数据技术服务商，为银行提供基于大数据和互联网诸如在线获客、在线资料收集、在线初审、贷后动态监测等金融科技服务。另外，云算信达帮助小微企业获得银行等主流金融机构的贷款服务，通过大数据发挥了小微企业与金融机构之间沟通与服务的桥梁作用。

企业数据来源、数据平台与运用如表9-2和图9-1所示。

表9-2　企业数据来源

类别	数据来源
金融交易数据	银行流水、公积金、POS数据、社保数据、第三方支付等
行业场景数据	电商行业、交通出行、餐饮行业、健康医疗、旅游住宿
反欺诈数据	移动运营商、工商、公安、招聘、法院等

监管保障

云贷365已与华夏银行、浦发银行、浙江民泰商业银行、三鼎小贷等银行机构建立了深度合作关系。作为银行机构的官方授权平台，云贷365的经营管理、市场运营情况也受合作的银行机构严格监督

风险控制

云贷365拥有成熟专业的风控管理，"网格化"风控体系实现了横向和纵向交叉验证的风控效果，对借款方的经营数据进行实时监控分析，当其出现经营异常情况，可及时发出预警信号

来源安全

云贷365作为一个第三方电商信用评价金融服务平台，在为小微企业提供金融服务时，平台资金提供端是合作的银行机构，平台不直接提供资金

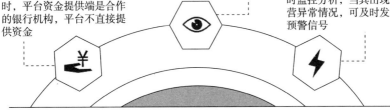

图9-1　企业数据平台与运用

四、数据产品服务

(一) 优化金融机构放贷流程

为银行等金融机构提供了包括在线营销、数据风控评级、贷后动态管理等基于大数据技术的智能金融服务和基于 SAAS、PC 端的产品和服务。云算 IDFS（数据金融解决方案）提供的集合 SAAS 应用、数据模块、风控模块的一体化解决方案，运用大数据技术手段实现金融领域的智能化风控和场景产品设计，为合作机构提供定制化嵌入式风控的金融产品全流程管理服务。

云算信达开发的基于手机和互联网的平台提供了上述的数据预处理功能，可以快速地对电商客户准入和额度进行估算，并根据实际情况快速地推荐给金融机构客户经理，进而进行后续的推动工作。该平台同时动态的监测电商的交易情况，给金融机构提供动态和风险预警体系。

自动化数据采集和分析，在完成了在线化初审后，结合线下资料收集，形成了独特的线上及线下相结合的大数据风控技术。在原有的"三品三表、交叉检验"等小微技术的基础上，植入了大数据、互联网、区块链等创新因素，是符合金融智能化的新一代小微风控技术。通过该技术，云算信达致力于解决 10 万~100 万元（人民币，下同）的信用贷款市场领域中的小微金融服务难题。

在线申请，云算信达在线采集（申请贷款小微用户）信息数据、完成在线评估，判断其是否具有准入资格。采集数据包括：贷款者个人身份信息、经营情况的运营类数据、流水类数据、互联网数据、工商信息等 200 个以上的数据维度。在整个过程中，申请贷款者数据有自动抓取、客户授权、自动提交，通过资质审查后，将小微用户名单推送给银行。

　　网格化风控以"新三品三表"理论为基础，结合电商综合数据，通过数据技术构建的"网格化"风格体系，实现了横向和纵向交叉验证的风控效果，平台同时将自述数据、第三方数据（各类信用数据）相互校验，形成了立体的风控体系，银行根据评估报告在线下与客户签订贷款合同。根据贷款机构委托，后续也会实时监控贷款人的运营状况，帮助银行将客户违约风险控制在合理范围内。一旦发现运营状况不佳，当系统发现突变特征反馈信息时，会将预警推送给银行。企业运用体系如图 9-2 所示。

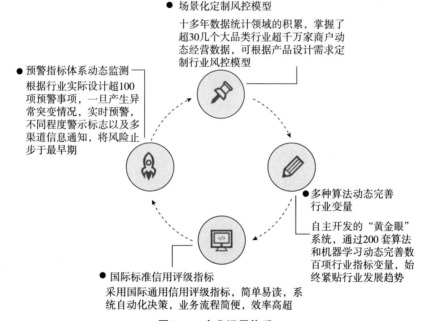

　　● 场景化定制风控模型
　　十多年数据统计领域的积累，掌握了超30几个大品类行业超千万家商户动态经营数据，可根据产品设计需求定制行业风控模型

　　● 预警指标体系动态监测
　　根据行业实际设计超100项预警事项，一旦产生异常突变情况，实时预警，不同程度警示标志以及多渠道信息通知，将风险止步于最早期

　　● 多种算法动态完善行业变量
　　自主开发的"黄金眼"系统，通过200套算法和机器学习动态完善数百项行业指标变量，始终紧贴行业发展趋势

　　● 国际标准信用评级指标
　　采用国际通用信用评级指标，简单易读，系统自动化决策，业务流程简便，效率高超

图 9-2　企业运用体系

资料来源：图片来自云算信达公司官网。

　　云贷 365 金融服务产品的优势： ①基于客观数据。专业大数据队伍制作领先的数据模型，云贷 365 云聚国内顶级大数据算法专家，开发了电商信用评估模型和敏捷风险控制模型，实现大数据变为企业数字资产。②安全保障。据使用过程中会规避隐私等敏感问题。

云贷365多重技术保障安全，如法律保障、技术保障、担保机构保障，保障贷款申请人的个人隐私、银行贷款的资金安全、贷款后期监管安全。③缩短了贷款者的申请时间。线上填写需要一个小时，线下审核签约，贷款最快两天时间完成，3~5天比较普遍。④信用贷款利率低。手续简便无须抵押，且保持市场最低利率标准。

（二）构建电商信用评估及风控体系

为电商客户量身定制"电商通"，其是以大数据和电商经营活动数据为基础，结合电商信用推出的一款免担保、信用方式贷款；客户只需在线申请，贷款获批后可实现随借随还，自主用款。与之前的业务相比，在业务模式、贷前调查、操作流程等方面与普通的小微贷款有较大创新。在客户获取、贷前调查和担保方式上，协助银行将客户授信要素从传统的"三表"（资产负债表、损益表、流量表）向"三流"（资金流、货物流、信息流）转变，只要电商客户经营正常，信用记录良好，就可申请贷款。

供应链金融服务平台内容如表9-3所示。

表9-3　供应链金融服务平台内容

	内容
供应链金融信息管理	采用信息化管理平台，权力管理供应链属企业，将核心企业与上下游企业紧密衔接，促进信息全面管理
区块链智能合约	提供安全、可信、透明、不可篡改的自动化执行环境，具备可追溯、支持事后动态审计等特点
大数据风险	基于供应链商业生态圈大数据，整合各类社会资源，进入金融大数据风险控制，打造"链式金融"服务

五、企业发展绩效

企业的服务提供方案与运营均处于行业领先地位，先后为各级政府、金融机构、大型企业提供了大量的数据服务工作，包括义乌指数、中关村指数、海宁皮革指数等各类数据应用场景。云贷365平台注册电商企业已超过数万家，与超过10家以上的银行金融机构签订战略协议。未来，云算信达将继续专注于通过大数据技术，提供智能金融服务，助力银行智能化，将更多的资金流入到小微企业，助推社会经济更好地发展。

通过大数据风控技术和基于SaaS的在线服务平台等技术，协助多家银行投放近20亿元的信用贷款，并推出了包括"电商贷""餐饮贷""新POS贷"等近10多个具有鲜明群体特征的数据金融产品，问题客户比率为1.9%，造成损失的客户比例小于1%。通过多年的实践检验，云算信达旗下的云贷365平台在电商金融等行业有效降低不良高达60%以上，远超过同类企业平均水平，同时保持多个领域不良控制的最佳成绩。

平台提供的服务内容如图9-3所示。

图9-3　平台提供的服务内容

六、案例小结

基于大数据开发运用的公司，使用自身开发的数据模型，研发相关服务产品并销售给客户。这其中合法地获取数据，并运用公司开发的算法，以及在服务过程中客户需求识别、积累经验是模型关键，使其嵌入客户的工作流程之中，可以极大地提高双方的效率。数据平台公司（或者其他基于数据提供服务的公司）通过合法地获取相关的大数据，组建数据分析团队开发计算模型，根据（金融类）客户的需求（定制化），研发相关的方案类产品并传递给客户，嵌入到放贷流程中，为顾客创造价值的同时，实现自身的增值与发展。

参考文献

［1］云算信达，一个电商大数据金融平台！［EB/OL］.［2018-03-01］. https：//www. sohu. com/a/224614446_641296.

［2］提供数据金融解决方案，杭州云算信达！［EB/OL］.［2017-07-03］. https：//www. sohu. com/a/154057935_641296.

［3］做金融机构和小微企业的桥梁，云算信达用大数据提供小微信贷服务［EB/OL］.［2017-07-21］. https：//36kr. com/p/5083354.

第十篇

知识运营管理：以喜马拉雅为例[*]

上海大喜马拉雅网络科技有限公司（以下简称"喜马拉雅"，公司网址：https：//www.ximalaya.com/download/）是一家在线阅读视听内容提供网站。视听内容提供和销售是公司知识运营的核心内容，喜马拉雅公司在发展过程中，整合使用用户生产内容模式（UGC 模式）和专业生产内容模式（PGC 模式），发展具有特色的专业用户生产内容模式（PUGC 模式），保障提供内容的广泛性和专业性，用以满足不同类型用户知识需求，提高客户对于知识产品的黏性，同时使用免费和付费两种模式。网站通过与原创（IP）提供者签订协议，培育原创内容提供者。针对不同年龄阶段、不同客户需求，进行生活场景渗透，硬件客户端整合，提高客户满意度与价值贡献率。

一、知识付费行业简介

用户学习习惯与信息的选择行为的改变，从被动学习转变为主动获取知识，利用碎片化的时间进行学习。用户对于"内容"和"知识"的付费意愿正在发生转变，对于高品质原创内容愿意付费；自媒体人、知识类网红等个体原创 IP 成为流量和信息的集散地，通

---

  * 此案例是经对喜马拉雅公司走访和访谈后，由赵昶完成初稿，由孔小磊对局部进行局部修改完成。

过对所提供知识内容长期积累和完善,拥有一定数量的粉丝用户;移动支付的普及,更是源自用户消费观念转移、消费习惯急速发生变化的结果。

知识付费是"一种获得高质量信息服务的手段,提供者通过将个人知识或技能转化为知识商品,消费者通过付费交易知识"①。《2016中国知识付费行业发展白皮书》认为知识共享在经历"静态知识获取1.0—动态知识更新2.0后—付费问答与订阅"的知识共享3.0阶段。知识付费激励优质内容的生产,用户专业化的需求,这两个条件不断形成完善的交易市场和生态。知识共享平台超越传统的百科、社区形态,呈现出多样化与专业性共存的特征。

用户生产内容模式(UGC模式)以用户需求为起点,由内容生产向用户过渡,且以社区问答为主要表现方式,如"知乎"社区。专业生产内容模式(PGC模式)为专家、专业主播团队或专业机构入驻生产内容,保证内容专业性,如"得到"。专业用户生产内容模式(PUGC模式)表现为专业内容生产者与用户内容生产者的结合,该模式能保障用户需求的满足,同时专业内容生产者能保障付费型知识内容的品质,如喜马拉雅FM。

二、公司简介

上海大喜马拉雅网络科技有限公司位于上海市浦东张江高科技园区,旗下拥有中国知名的音频分享平台喜马拉雅。以"用声音分享人类智慧"为使命,整合PUGC内容供应体系,引领着音频行业的创新,吸引了自媒体人投身音频内容创业,8000多位有声自媒体大咖和500万有声主播,覆盖财经、音乐、新闻、商业、小说、汽车等328类过亿有声内容。新浪、福布斯、36氪、三联生活周刊等

---

① 资料来源:《艾媒报告——2018—2019中国知识付费行业研究与商业投资决策分析报告》。

200 家媒体和阿里、百度、肯德基、杜蕾斯、欧莱雅等 3000 多家品牌也都纷纷入驻喜马拉雅。

　　喜马拉雅公司迎合"互联网+"时代，满足消费者对于视听内容的需求，公司得到了迅速地发展。2012 年 8 月成立的喜马拉雅，当年 11 月 Web 1.0 版本上线，2013 年 iOS 和 Android 客户端上线，2014 年在 AB 轮融资超 6000 万美元、企业估值超过 2 亿美元。2015 年召开第一届喜马拉雅大会，估值超过 40 亿元。2016 年"新声活"大规模落地，精准广告、内容付费、智能硬件实现大规模营收，上线付费音频专区。2018 年 8 月 22 日，喜马拉雅在 E 轮融资中获得 4.6 亿美元，投资方为腾讯、高盛集团（中国）、新天域资本、泛太平洋投资、春华资本和华泰证券等。

　　喜马拉雅包括免费收听、付费订阅、互动参与、商城、主播上传等功能模块。①免费知识内容收听功能。"喜马拉雅"包含大量的免费内容，几乎所有内容分类中都含有一定数量的免费内容。然而免费内容质量参差不齐，用户需在试听过程，进行判断和选择。免费内容可以吸引众多用户，且浏览更长的时间，增加用户驻足时间。②付费知识内容订阅功能。喜马拉雅的付费订阅可以分为两种形式：一种是会员制，通过购买会员收听（部分）专业内容；另一种是单次购买的付费内容，而且知名媒体人或专业优质的内容或课程更受欢迎。③互动参与模块。在喜马拉雅的社交圈功能中，听众可以与主播互动，可以分享互动（后）的感受，形成一个问答社区。以配音为主的游戏模块，可以提高部分用户的参与性，如"趣配音""声音鉴定"等。④商城模块。销售一些定制产品或终端硬件产品，如 AI 音箱、定制耳机等。⑤内容上传板块。主要分为直播和主播工作台功能，供内容提供者使用。用户通过认证和后台审核后可以上传原创内容，工作台界面还包括作品清单及其浏览数据和收益等。

　　喜马拉雅初期收入主要来源于流量广告、社群和硬件这三个部分。2016 年下半年，内容付费的收入就已经超过了流量广告、社群、硬件这三个板块的总和。2018 年上半年喜马拉雅有声书用户收听数据显示，平均每位用户收听 18 本有声书，累计收听的总时长超过 30.8 亿小时。有声书带来的流量超过 50%。这些有声书大部分都是免费的，只有一少部分是付费内容。2016 年 6 月，喜马拉雅 FM 推出"付费精品"专区，首次试水产品《好好说话》。2016 年 12 月，喜马拉雅 FM 发起"123 知识狂欢节"。2018 年 9 月，喜马拉雅 FM 与腾讯推出联合会员；"得到大学"正式启动，将在线学习和定期线下学习相结合，提高用户的学习效果。2018 年推出"喜猫儿故事 APP"。2018 年 12 月 21 日，正式发布小雅 AI 音箱的升级版小雅 Nano。推行 PUGC 知识生产模式，整合免费内容与付费内容，为平台吸引流量。

2019 年，喜马拉雅运营策略主要可分为三大部分：知识生产模式、资源壁垒构建与业务战略扩张。这三大运营策略成为喜马拉雅平台快速发展的支柱。

喜马拉雅 FM 在运营上采取用户生产内容（UGC），这种内容生产模式制作成本较为低廉且门槛较低，能够在最大程度上吸引音频内容生产者，初期有效地扩充了平台的内容总量，以及采用专业生产内容（PGC）的生产模式，并逐步发展形成 PUGC（专业用户生产内容），不断扩充平台内容，满足用户多元化的收听需求，引领了知识服务行业的创新，兼顾了 UGC 生产方式的内容宽度和亲民性，吸引普通用户入驻平台。用户不再像过去一样被动地接受传播内容，而是成为内容发布传播的主体。比如喜马拉雅推出的"知识大使"活动，在购买喜马拉雅的会员后即可认证成为知识大使，通过喜马拉雅知识大使系统为自己分享的内容生成推广链接，分销推广产品。在这里既可以享受喜马拉雅的会员功能，又能充分为自己赋能，通过分享专辑赚取收益。再如喜马拉雅展开的"我要当主播"活动，吸引了众多用户参与到音频创作中来，极大程度上丰富了平台的内容。每日新增的音频内容大部分都来源于用户内容生产模式。另外，喜马拉雅利用 PGC 生产模式保障内容专业性，部分专业用户追求优质的内容、响亮的品牌和广泛的收听渠道。此时，UGC 内容生产模式已经无法满足用户对关键意见领袖的追求，也无法满足用户对优质内容的需求。"用户逐渐要求平台能够为其提供更加人格化的、深层次的干货内容"，需要将 PGC 作为主要的内容产出模式，发展专业的知识内容。PGC 内容生产模式要求平台对知识内容严格把关，有效保证内容的专业品质，以便形成强大的品牌资源。喜马拉雅知识服务平台中引进了知名媒体人的专业内容之外，"喜马拉雅还从海量的 UGC 内容中挖掘出部分优质的内容资源，将 UGC 内容重新打造成体系后作为专业内容进行推荐"。这样既保证了内容来源的宽度，又保证了优质内容的专业性。

知识产权法律进一步保护原创内容，为付费知识提供了法律保障。2020 年 5 月，在《中华人民共和国著作权法》修正草案中，拟引入惩罚性赔偿制度，大幅提升赔偿数额，侵权行为情节严重的，适用赔偿数额一倍以上五倍以下的惩罚性赔偿，法定赔偿额上限由 50 万元提高到 500 万元。同时增强了主管部门执法手段，如增加著作权主管部门询问当事人、调查违法行为、现场检查，查阅、复制有关资料以及查封、扣押有关场所和物品等职权。2018 年与腾讯视频联合推出双 VIP 活动进行 IP 合作运营，形成知识产权资源壁垒。

三、知识内容的运营

在开始几年里，喜马拉雅始终是完全免费的模式。通过上游内容的 PUGC 模式，将中游的大数据整合，完成下游的智能终端分发，构建完整的音频生态圈。上游进行版权合作，获取更多原创知识源。签约郭德纲、王耀庆、杨澜、姚明、郝景芳、梁冬、蒙曼等知名 IP，与多家出版集团和媒体供应商在有声改编、IP 孵化、版权保护等方面达成战略合作。

协助讲师成长对于平台建设也很关键。2020年4月14日，喜马拉雅直播发布"春生计划"，投入10亿流量，针对优质公会、MCN机构、声优工作室，推出六大扶持政策，计划打造100家月入百万的直播公会。"春生计划"包括分成改革、流量升级、生态赋能、版权加持、工会培养、主播输送六大措施，其中分成政策，大幅度降低分成奖励门槛，设置多档激励分成引导成长，主播基础分成从33%变为50%，时长要求从60小时减少为30小时，达到20天40小时和流水目标后可额外领取25%分成，最高可达75%。完成公会任务也会得到一定的分成比例，主播分成加上公会任务分成，喜马拉雅直播分成比例最高可达80%。提供10亿流量，协助主播成长；提供大量版权内容支持，助力直播主播开启有声书主播之路；开辟"直播+录播"专属通道，帮助主播涨粉。

多种支付模式并用，包含：①订阅付费模式，订阅知识生产者的一系列知识产品，此类产品生产周期长、定价高，用户要求高。②单次付费模式，可分为查看付费和付费问答两种，查看付费指付费查看已经生成的内容，付费问答指付费指定知识生产者回答具体问题。③打赏模式用户可自由选择是否付费或者付费金额的大小，知识生产者的现金流收入较不确定。④授权转载付费模式用户对知识生产者所产出的知识产品进行商业转载或引用时支付相应的转载费用。

基于用户需求快速触达受众，知识产品延伸形成的社群，将平台内的内容生产者、用户绑定在一起，增加用户的使用时长。针对不同的消费者，推出不同内容定位的APP。随着家长对启蒙教育和亲子教育的重视度日趋增长，喜猫儿故事APP是国内音频分享平台喜马拉雅推出的面向12岁以下儿童的故事音频平台。与喜马拉雅APP形成互补，覆盖更广泛的"听"众。喜猫儿故事APP定位于平台式儿童内容，为孩子们呈现一个故事的世界，帮助塑造孩子面向未来的视野。针对儿童的 APP 要从"形式+内容"两方面着手：在线教育的形式受青少年喜欢，内容本身具有学习意义（父母视角，这样才会付费）。针对婴幼、幼儿、小学三个不同年龄阶段，个性化推荐与年龄匹配的内容，主要有儿童故事、少儿英语、童歌、科普四大内容板块，其中"故事"包含经典名著，能够塑造坚强勇敢、自信乐观的优良品德；"英语"从发音、单词、语感等方面激活孩子的语言学习能力，提供一个在线英语学习氛围；"儿歌"让孩子通过歌曲感知多彩的世界；"科普"邀请名家解答基本科学问题，并邀请了一线名师介绍基本的国学历史知识等。

从平台知识内容到智能终端硬件。一方面，喜马拉雅软件系统与阿里、小米、华为、百度、三星、Sony 等 2000 多家合作伙伴进行深度合作，将有声内容传递到生活中各个智能终端和场景中。2017年6月，喜马拉雅推出全内容智能 AI 音箱——小雅，在人工智能领域大手笔布局，打造物联网时代人们获取信息便捷的入口，开启了一个语音交互的新传播时代，让声音和知识像水和电一样无处不在，随取随用。

四、案例小结

在线阅读视听公司通过专业用户生产内容模式（PUGC 模式）提供专业的内容，保障用户需求的满足，逐渐改变为付费型知识模式。网站通过与原创（IP）提供者签订协议，进行生活场景渗透，整合到硬件客户端中，培育原创内容提供者。从而提升了视听内容的质量，提高客户对于知识产品的黏性。此案例试图探索基于知识的运营开发。

参考文献

［1］著作权法：三十而立再出发［EB/OL］.［2020-05-09］.

http：//www. xinhuanet. com/politics/2020-05/09/c_1125959589. htm.

[2] 喜马拉雅推"喜猫儿故事" APP 提供成长服务 [EB/OL].
[2018 - 10 - 17]. https：//js. qq. com/a/20181017/011077. htm? pc =
&from=singlemessage.

第十一篇
小结与展望

一、知识管理案例小结

知识管理的理论与实践发展，随着数字化进程日益加快，表现出多样化的特征，本书按照制造业企业自身的知识积累与运用，通过兼并收购拓展自身的产业知识，大型企业通过建立研究院和培训机构，进行人才的培养与知识开发运用。在销售方面，企业可以通过线上线下融合，获取客户反馈的信息，改进产品设计，在此基础上，企业可以通过企业间合作获取对方的标准（知识）进行产业升级。在服务业方面，部分金融类的机构通过"前—中—后台"来进行信息的获取，后台开发，并将开发好的服务产品传递给消费者。一些知识密集型服务机构，将服务（知识）模块化存储，按照客户的需求，进行模块化组合开发并传递给客户。在数字运营企业方面，探索了数据平台公司基于数据，为客户开发服务方案的产品，降低金融类客户的风险。原创内容（IP）运营公司，通过发展签约内容提供者与发展会员制，实现持续发展。

本书涉及了常见的企业类型，对于不同阶段、不同类型的企业在知识管理方面可能存在一定的参考价值，为此我们提出一些建议。

（一）制造业企业

小规模的企业，注重知识获取与运用。获取的途径可以是企业家、高管团队、销售团队以及技术主管，通过进行市场信息调查和消费者的反馈信息，依据企业现有的研发和生产能力，开发和改进产品。在此过程中，将相关产品设计进行存储，注意相关产品知识的积累。

对于具有一定规模的企业而言，除了常规的知识积累与存储，在销售方面，可以通过线上线下融合，获取相应的信息反馈，改进产品设计提升销售与顾客体验。一些传统企业可以通过与其他领域的企业合作，参考使用其他企业的标准，改善自己的原材料和生产设备，实现转型升级。

对于大型企业，具有建立（多个）研究院的实力，可以建立和完善企业内部的知识管理制度、流程和权限，研究院内部之间需要有完善的分工，以及交流与分享机制，同时处理好研究院与制造部门之间的关系。为了提升供应商的生产水平与研究能力，在供应商层级管理的基础上，分享部分零部件"接口"或"架构"知识。

（二）服务企业

部分金融服务业使用"前台—中台—后台"进行数据收集、数据传递，以及后台开发，对于前台人员要深入到一线，细致地了解客户的现状与需求，独立地做出专业的判断，并及时将信息传递给中台。中台将前台收集的信息进行归纳、梳理，并转换成后台可读取的问题与反馈。后台根据中台反馈的开发需求，进行开发，并将开发好的服务产品附带产品说明，传递给中台。此时，中台根据开发的新服务（改善设计的服务）分发给前台，由前台将服务传递给消费者。

知识密集型服务企业，根据自身情况，可以建立专业（服务知识模块化）数据库，根据客户的需求进行组合，提供组合后的服务产品。在此过程中，根据服务提供人员（团队）的任务，进行相关人员的组合，授予不同的模块知识的数据库获取权限，使用公司统一的模块接口和界面，组合完成客户定制的需求。

（三）数据内容运营企业

伴随着数字化进程的加快，企业之间的竞争发展成为知识获取与运用的竞争，企业的知识管理越发重要。

二、企业知识管理实践

企业知识管理日益重要。然而，不同规模和行业的企业知识管理却千差万别，一些小企业或许难以意识到知识管理的重要性，或者不认为自己所从事的部分工作是知识管理的部分。因此，本书从企业规模角度给出一些企业知识管理实践的建议。

（一）小微企业

企业刚成立不久，人员和资金均有限，创始人可能兼顾研发人员、生产管理者和销售人员等角色。此时，可以利用电子表格、电子文档、录音、APP 等简单的工具，保存好市场信息、销售信息、顾客反馈、生产图纸、生产数据和财务信息等。通过对这些原始记录的分析，在企业内部进行分享，对于产生新的创意和改进的想法，要及时归档，以便未来探讨商业化的可能性。

（二）小规模企业

企业已经初具规模，企业的职能部门开始出现，办公室秘书等岗位开始配备。此时，与企业相关的信息数据日益增多。企业可以安排专人（如 1 名办公室秘书）负责企业信息、内部文件和相关数据收集归档。对于研发和设计人员可以配备专用的电脑，一些产品设计的图纸、CAD 数据等存在公司的电脑中。逐渐建立企业的知识管理制度，在企业生产经营过程中不断日益完善。对于小型的服务业企业，特别是知识密集型服务业，做好基础知识模块的企业归档，逐渐形成公司的知识数据库。同时对于不同工作性质的员工，赋予不同的知识获取权限。

（三）一般规模企业

企业具有一定的规模和资金实力，部门分工明确。此时，企业可以考虑建立专门的部门（可以多个部门协同管理）进行知识管理，如成立企业知识产权管理部门，负责企业的知识产权申请、审核和交易等数据的收集存储工作；企业的 IT 部门负责企业知识的数据化、登录权限设置、网络安全等工作；人力资源部门负责新进员工入职培训和继续教育工作。法务部和人力资源部合作，进行商业秘密、禁业协议等知识保密工作的处理。对于服务企业而言，特别是知识密集型服务业，IT 部门要和各个部门合作，将知识（顾客信息、案例、研发信息等）录入数据库，减少人员流动给企业业务带来的影响。

（四）大规模企业

企业具有雄厚资金和研发实力，可以通过（跨国）收购互补企业弥补价值链上的短板或延伸价值链的研发知识模块。企业建立完善的研究院，且研究院之间进行分工协同，建立完善的知识管理制度，注重自主创新和自由品牌建设。企业内部拥有完善的信息获取、知识开发、分享和培训体系，与外部大学科研机构合作，或自身设立培训机构。运用已有研究拓展依托与产品的高附加值服务（方案）提供，或向整体方案提供商转型。对于大型的服务提供商，特别是知识密集型服务业，分析东道主国家的市场特点和现行的法律制度，可以在东道国设立分析分支机构，招聘本地工作人员，提供服务产品。

三、知识管理的新趋势

（一）知识型组织涌现

"人力资本组织"（Human Capital Organizations）数量增加，企业增加值归因于人力而非固定资产，从 R&D 密集型的制造企业到专业的服务公司，大量依赖"专家才能"，出现了"变动雇佣契约""新组织形式""内部分类"（Internal Disaggregation）等现象，传统的组织边界和控制面临挑战，企业往往使用授权或报酬系统治理机制促进知识共享、整合、产生（Foss，2007）。创新是一个搜索过程（Nelson and Winter，1982），搜寻外部知识，使它变得完备（Turner and Makhija，2006），企业通过契约和合作（Veugelers and Cassiman，1999），从其他企业获得外部知识。关于制度设计，由于知识的属性隐性、不完备性、嵌入型等特征和知识转移过程中的有限理性和机会主义，产生知识转移风险和成本，对应治理机制与不同知识特征和情景等因素的匹配有不同的治理形式。知识流动依赖于治理模式和知识特征（Fey and Birkinshaw，2005），因此需要评估每种治理形式的效率与效果，每种治理形式都存在着治理成本，且每种治理形式都与特定的知识特征、知识转移情景相对应，知识治理的最终目的是促进知识的共享、整合、产生。

（二）知识整合的国际化

国际化知识来自于企业进行国际化活动的过程，包括了解东道主国家的市场信息、进入海外的制度知识了解，与东道主国家的政府和区域政府部分的谈判，与当地供应商、经销商谈判，雇用当地的员工，海外上市，子公司与母公司的协调（Yang et al.，2017）。当子公司具有一定量有价值的知识储备时，知识将会从子公司转移回母公司。通过海外建立的子公司，母公司能够进入不同的国家创新体系，获得新鲜的创意、产品、工艺以及技术，根据当地市场需求开发新的技术产品等，从而得以提升自身的产品开发与创新能力（Hakanson and Nobel，2001；Iwasa and Odagiri，2004；Kotabe et al.，2007；Ambos，2006）。

跨国企业（MNEs）整合利用世界各地知识和差异密切相关的专业知识，利用现有知识库，并将它们结合起来创造新知识（Inkpen et al.，2019）。当这些知识惯例转移回母公司，也能够被母公司更有效地利用而进行技术开发与产品创新。嵌入公司的复杂和隐性知识也构成了跨国公司优势的核心（Banalieva and Dhanaraj，2019）。

（三）知识管理数字化

随着数据库的大规模使用，企业产品在产品开发的时候使用工业云平台，参考工业云平台涉及规范和开源的代码，并将相关代码存储在云中，由云服务平台进行服务器测试并提供结果，如西门子的工业云。企业售后的云服务化中，企业在产品中嵌入物联网芯片，使相关运行数据及时传递到企业后台，有工程师远程调试维护，或直接调配附件的维护人员前往该设备所在地进行维修。对于终端消费品而言，随着淘宝、京东、亚马逊等第三方销售平台的兴起，企业需要在平台中进行销售。

（四）从知识管理到知识治理

Teece（1977）和 Contractor（1981）证明了从许可者到被许可者技术转移的潜在成本，即使在相同的公司（Zander and Kogut，1995）。Cristiano（2006）分析了组织使用知识遇到的一系列困难：交易成本、代理成本、网络和沟通成本。知识交易成本可以分为知识需求方的交易成本和知识供给方的交易成本（Cooke，2002）。Cristiano 从供需双方和静态、动态两个维度分析了知识交易成本，认为静态的知识交易成本是将知识作为产品使用市场机制所承担的成本；动态知识交易成本是在使用市场来交易知识各个时点的成本。随着互联网的普及，知识信号成本和搜寻成本极大的降低，潜在知识供应者很容易在社交媒体中发布原创内容来展示创意能力，吸引购买者的兴趣。潜在购买者可以随时在互联网中发布他们需求的模块知识，来吸引潜在的供应商，这有助于知识交易的发生。随着知识产权法律的完善，知识供应方不存在不可控制的泄露风险，从而保障了知识（内容）交易。

运用传统的治理理论，企业为了获得外部知识源，存在两种基本的治理模式：合作和契约（Veugelers and Cassiman，1999）。高质量的契约关系，可以在网络中有效控制知识扩散（Antonelli and Quere，2002）。从知识的编码化程度视角出发，认为隐性的知识在公司内部的协调是更合适的。编码化知识技术、知识市场变成了使用和获取知识的有效机制（Cristiano，2006）。

在可供公司选择的集中可能治理形式中，企业采用最好形式或多种治理机制的混合，整合内外部资源高效产生知识。企业为了获取外部知识，采用两种基本的治理模式——合作和契约。"契约"可以简单地理解为一个合法的双边交易中双方就某些相互义务达成的协议（Williamson，1993）。合作是从具体的合作伙伴关系中发展知识，合作有多种形式：与高校科研院所、行业协会、竞争对手、供应商—顾客等合作，如在线视频网站中，采用各种形式来支持 UP 主进行原创内容的创造与分享，并与其共享利润。

四、局限与展望

企业知识管理的实践日益复杂多样，本书选择不同行业不同类型的企业，试图探索企业的管理实践，以便给企业一些参考。尽管笔者试图通过不同案例进行演进，得出企业知识管理案例在实践中的规律，即不同类型的企业，根据行业特点，在不同发展阶段，采用不同知识管理措施，且随着企业的规模扩大和制度完善，逐步采用完善的知识管理。在销售中，整合运用线上线下的信息，改善研发，拓展市场。

然而，受制于笔者能力所限，不能更加深入地分析企业知识管理的实践，因受新冠肺炎疫情影响，原计划去企业访谈被搁浅，改为收集二手资料完成，这样难免造成部分案例不够深入。一些新兴的电子商务公司，如交易平台公司的知识管理，本书没有涉及，难免有些缺憾。如果将来有机会前往企业实地调研，将进一步完善本书。

参考文献

［1］ Alavi M., D. E. Leidner. Review：Knowledge Management and Knowledge Management Systems：Conceptual Foundations and Research Issues［J］. MIS Quarterly，2001，25（1）：107-136.

［2］ Corsino M., M. Mariani, S. Torrisi. Firm Strategic Behavior and the Measurement of Knowledge Flows with Patent Citations［J］. Strategic Management Journal 2019，40（7）：1040-1069.

［3］ Cristiano A. The Business Governance of Localized Knowledge：An Information Economics Approach for the Economics of Knowledge［J］. Industry and Innovation，2006，13（3）：227.

［4］ Foss N. J. The Emerging Knowledge Governance Approach：Challenges and Characteristics.［J］. Organization，2007，14（1）：29-52.

［5］ 卡拉·欧戴尔，辛迪·休伯特. 知识管理如何改变商业模式［M］. 北京：机械工业出版社，2006.

致　谢

　　书稿仓促之间完成，书稿付梓离不开众多老师、学生和企业的支持和帮助，在此表示感谢！首先，感谢案例企业的支持！在调研过程中，一些企业专门安排了接待人员，他们耐心、细致地倾听和答复我们的访谈问题，让我们的案例资料更加翔实。此外，为了书稿的逻辑体系完整，我们不得不在网上收集相关数据和资料编写企业案例，对网上的这些资料来源者一并表示感谢！其次，感谢参与访谈及整理访谈资料的同学，涉及我们指导的本科生十余数人，在此不一一列举，谢谢你们的辛苦付出！再次，作为系列丛书的一部分，感谢浙江财经大学工商管理学院的支持！感谢几位学院老师给本书提出给出的修改意见。最后，感谢经济管理出版社与张莉琼编辑，疫情影响无法现场调研，几欲放弃本书，在张编辑的鼓励与细致校稿下完成此书。需要感谢的人太多，祝各案例企业蒸蒸日上，相关老师与学生万事顺意！